Die Weisheit der Mönche

Papst Franziskus

Die Weisheit der Mönche

Schätze aus dem Ordensleben

Aus dem Spanischen
von Claudia Campisi

HERDER

FREIBURG · BASEL · WIEN

Titel der Originalausgabe:
Meditaciones para religiosos, Ediciones Mensajero, 2014

Für die deutschsprachige Ausgabe wurde nur der 2. Teil
der Originalausgabe übersetzt.

MIX
Papier aus verantwortungsvollen Quellen
FSC® C083411

Für die deutschsprachige Ausgabe:

www.herder.de

Umschlaggestaltung: wunderlichundweigand, Stefan Weigand
Umschlagmotiv: © photocase
Satz: Barbara Herrmann, Freiburg
Herstellung: CPI books GmbH, Leck

Printed in Germany

ISBN Print 978-3-451-31129-1
ISBN E-Book 978-3-451-81077-0

Inhalt

Einleitung

ZU BEGINN dieser geistlichen Einkehr wollen wir inständig darum beten, dass der Heilige Geist, der alles Gute prägend ins Herz hineinzuschreiben vermag, uns die *Gabe der Hoffnung* schenkt und wir diese bereitwillig empfangen.

Hoffnung ist weit mehr als Optimismus: Sie macht kein Geschrei, sie wächst furchtlos im Stillen und geht tief, wie der Lebenssaft von Pflanzen im Winter, wenn er sich in die Wurzeln zurückzieht. Sie hält fest und ist sich gewiss. Denn aus der Wahrheit geboren, unterscheidet die Hoffnung zwischen Gut und Böse: Sie vergöttert nicht das Beste (verfällt nicht dem Optimismus) und rechnet nicht mit dem Schlimmsten (ist nicht pessimistisch). Diese zwischen Gut und Böse unterscheidende Hoffnung ist kämpferisch. Sie kämpft offenen Auges, unerschrocken und beharrlich, wie jemand, der weiß, dass er einem sicheren Ziel entgegeneilt, ganz im Sinne des biblischen Autors, der hoffnungsvoll schreibt: »Da wollen auch wir alle Last und die Fesseln der Sünde abwerfen … und mit Ausdauer in dem Wettkampf laufen, der uns aufgetragen ist« (Hebr 12,1)[1].

Um diese kämpferische Hoffnung wollen wir nun beten. Und da sie eben auch mit Unterscheidung zu tun hat, könnte es sich lohnen, einmal jene von Hoffnungs*losigkeit* geprägten Einstellungen zu überdenken, die sich im Herzen der Institutionen eingenistet haben, zu denen wir gehören. Diese Einstellungen folgen den Stufen des Anti-Reiches: *Am Anfang mangelt es ihnen an Armut, eitel schreiten sie voran und enden voll Hochmut.*

Am Anfang mangelt es ihnen an Armut: Damit meine ich bestimmte *sub angelo lucis*[2] versteckte Arten mangelnder Armut. Nehmen wir als Beispiel den spürbaren Rückgang an Jesuiten in unserer Provinz. In Anbetracht des spärlichen Nachwuchses sehen wir unsere berechtigte Hoffnung momentan als bedroht. Und wie oft wehren wir uns gegen diesen gemeinsamen und normalen Schmerz. Statt ihn zu erdulden, verschwenden wir unsere Energie mit der Suche nach einem Sündenbock als vermeintliche Lösung für diese Katastrophe. Oder wir verabsolutieren unsere Situationsdiagnose und verteidigen sie wie einen Schatz, an dem unser Herz hängt (Lk 12,34). So aber geben wir dem Geheimnis der Freiheit und Gnade wenig Spielraum, jenem Geheimnis, das uns gehorsam und arm macht.

Auch in Bezug auf andere schmerzliche Umstände innerhalb von Kirche oder Staat tarnen wir die Armut der zur Verfügung stehenden Lösungen als Reichtum und merken oft gar nicht, wie rostig unsere Schätze sind, weil sie nur aus Krittelei bestehen. Damit aber wählen wir den Reichtum des Negativen. Dann wiederum übertreiben wir die Umstände schmerzlicher Tatsachen, als ob wir uns lieber eine Tragödie im Theater ansehen würden, statt Hand anzulegen und ein Familienproblem zu lösen. Dem könnte man sicher noch einige Beispiele hinzufügen, aber nun gut.

Bringen wir unsere Anhänglichkeit an den Reichtum im Gebet vor den Herrn und bitten wir ihn darum, dass er uns von den Reichtümern der Hoffnungslosigkeit befreit und uns daran erinnert, dass die Hoffnung des Himmelreiches mit Schmerzen geboren wird.

Eitel schreiten sie voran: Denn auf einem vom Schmerz ungepflügten Boden ist die Frucht zur Unbeständigkeit verdammt (Lk 8,13). Wir werden ja von allerlei Eitelkeiten heimgesucht, aber die häufigste ist – so paradox dies erscheinen mag – die des *Defätismus*. Wer lieber General eines Verliererheeres ist als ein einfacher Soldat in einer Truppe, die, obwohl dezimiert, immer weiterkämpft, der ist wirklich eitel. Und wie oft gleichen wir einem besiegten General, der von Expansion träumt! Dabei ist die Geschichte der Kirche doch gerade aufgrund ihrer Opfer, Alltagskämpfe und Hoffnungsgeschichten so ruhmreich. Denken wir zum Beispiel an die ersten fünfzehn Jahre der Gesellschaft Jesu unter der Leitung ihres Gründers, dem heiligen Ignatius von Loyola, als sich die Hoffnung trotz der sehr niedrigen Mitgliederzahl und dem Auf und Ab einer noch recht unbeständigen Institution einen Weg bahnte. Immer wieder wurde das Noviziat der Jesuiten geschlossen und wiedereröffnet, bis es schließlich endgültig etabliert wurde – ohne dass die Brüder je den Mut verloren. Denn die Hoffnung ist eben doch stärker als alle Widerstände.

Und enden voll Hochmut: Vom Hochmut angestachelt, verachten wir manchmal die demütigen Mittel aus dem Evangelium. Ignatius möchte seine Gefährten in ihrem apostolischen Auftrag bestärken und schreibt in den Satzungen der Gesellschaft Jesu: »Da die Gesellschaft [Jesu] sich nicht auf menschliche Mittel gründet, kann sie sich auch nicht durch dieselben erhalten und vergrößern, sondern nur durch die Gnade der allmächtigen Hand Christi, unseres Gottes und Herrn; *auf Ihn allein soll man die Hoffnung setzen*, dass er dieses Werk, das Er zu Seinem Dienst und Lob und zum Beistand der Seelen zu beginnen geruhte, erhalten und voranbringen möge. Dieser Hoffnung gemäß wird das vorrangige und am besten geeignete Mittel aus Gebeten und Opfern bestehen, die im Sinne dieser heiligen Intention jeden Tag, jeden Monat und jedes Jahr an allen Wohnorten der Gesellschaft angeordnet werden« (…) »Wirksamer als die Mittel, die dafür sorgen, dass man für Menschen verfügbar ist, sind die Mittel, die das Werkzeug mit Gott verbinden und es so bereiten, dass es sich nach Seiner Vorsehung richtet: beispielsweise die Güte und die Tugend, besonders aber die Nächstenliebe, die reine Absicht des Gottesdienstes, die Vertrautheit mit unserem Herrgott in den geistlichen Übungen der Andacht sowie der aufrichtige Seeleneifer, der ausschließlich an der Verherrlichung des Schöpfers und Erlösers interessiert ist. Man muss sich also darum bemühen, dass alle Mitglieder der Gesellschaft sich mit Hingabe den soliden und vollkommenen Tugenden und den geistlichen Dingen widmen, welche mehr Wert haben als die Wissenschaften und andere irdische und menschliche Gaben. Denn es sind die inneren Mittel, die die äußeren Mittel für das Erreichen des erstrebten Zieles erst wirksam machen«[3].

Wenn der Herr uns gewährt, worum Ignatius bittet, werden wir uns nicht wie Hausherren, sondern wie treue

Verwalter fühlen und so eine *Demut* erlangen, die sich von *Schmach und Verachtung* nährt.

Ich nehme an, dass die ignatianische Anweisung, um »Schmach und Verachtung« zu bitten, uns allen manchmal ziemliche Schwierigkeiten bereitet. Wie wir wissen, haben sich die geistlichen Lehrer sehr darum bemüht, unsere Vorstellungen von Schmach und Verachtung von ihren eitlen Formen zu befreien. Dazu fallen mir die klugen Jungfrauen aus dem Evangelium ein und meine Intuition sagt mir, dass das ein lehrreiches Beispiel sein könnte. Sie erinnern sich: Die klugen Jungfrauen wollen ihr Öl nicht mit den anderen teilen. Wer das unachtsam liest, zieht voreilige Schlüsse und verurteilt die Jungfrauen als geizig und egoistisch (bedeckt sie mit Schmach). Bei gründlicherer Lektüre erkennen wir jedoch die Würde ihres Verhaltens. Sie teilen nämlich nicht, was nicht geteilt werden darf und riskieren nicht, was nicht riskiert werden darf: die Begegnung mit dem Herrn und den Wert dieser Begegnung. Auch wir werden mit Schmach und Verachtung bedeckt – sogar in der Kirche –, weil wir um der Nachfolge Christi willen darauf verzichten, uns mit Ochsengespannen zu beschäftigen, zu heiraten und Äcker zu kaufen (vgl. Lk 14,18–20).

Die Nachfolge des Herrn macht unsere Demut *arm*. Denn wenn wir wissen, worauf es wirklich ankommt, was nützt und was schadet, werden wir nicht blindlings in die Fallen des Reichtums tappen. Und weil die Gegenwart Gottes, die in uns wohnt, für uns kein Luxusartikel, sondern unser täglich Brot ist, wollen wir sie mit Gebet hegen und mit Buße pflegen. Dieser anbetende und bußfertige

Geist bewirkt, dass wir dem Weg Gottes selbst dann hoffnungsvoll entgegensehen, wenn er voller Hindernisse ist. Denken wir an die Situation, als die Jesuiten aus Argentinien vertrieben wurden und ihr Vater, der Provinzial Domingo Muriel, zu den Brüdern sagte: »Ich vertraue darauf, dass der Geist des heiligen Ignatius in diesem Zweig weiterlebt, der Zweig also nicht vertrocknet ist, sondern aufgrund der stürmischen Zeiten nur momentan begraben ist und in seinem Frühling noch blühendere und fruchtbarere Knospen treiben wird als jemals zuvor … Wir wissen nicht, was uns bevorsteht. Gott weiß es und das genügt. Worauf es ankommt und was uns zusteht, ist, dass wir den Geist unseres Lebens bewahren, selbst im Tod und sogar dann, wenn unser Leib zerschlagen und seine Gebeine über die Ebenen und Kreuzungen dieses Lebens verstreut liegen … Gott wird sich hören lassen, und kraft seines Wortes wird die Gesellschaft Jesu mit neuem Geist wiederauferstehen … Man versucht, sie zu zerstören, aber vielleicht greift Gott auf dieses Mittel zurück, um sie wieder neu aufzubauen. So fasse ich zumindest dies auf … Bewahrt seinen Geist in der Hoffnung ihrer Wiederauferstehung!«

Möge uns der Heilige Geist in diesen Exerzitien begreifen helfen, was die Hoffnung alles zu erreichen vermag!

Der Herr, unser Anfang und Grund, Er gründet uns

»WAS VON ANFANG an war, was wir gehört haben, was wir mit unseren Augen gesehen, was wir geschaut und was unsere Hände angefasst haben, das verkünden wir: das Wort des Lebens. Denn das Leben wurde offenbar; wir haben gesehen und bezeugen und verkünden euch das ewige Leben, das beim Vater war und uns offenbart wurde. Was wir gesehen und gehört haben, das verkünden wir auch euch, damit auch ihr Gemeinschaft mit uns habt. Wir aber haben Gemeinschaft mit dem Vater und mit seinem Sohn Jesus Christus« (1 Joh 1,1–3).

1. »Was von Anfang an war …« Was vor und nach mir und den Dingen war, der Herr der Zeit, »das Alpha und das Omega, der ist und der war und der kommt« (Apg 1,8) … »der Erste und der Letzte, der die sieben Sterne in seiner Rechten hält und mitten unter den sieben goldenen Leuchtern einhergeht« (2,1), »der tot war und wieder lebendig wurde« (2,8), »der das scharfe, zweischneidige Schwert trägt« (2,12), »der Sohn Gottes, der Augen hat wie Feuerflammen und Beine wie Golderz« (2,18), »der die sieben Geister Gottes und die sieben Sterne hat« (3,1),

der Heilige, der Wahrhaftige, der den Schlüssel Davids hat, der öffnet, so dass niemand mehr schließen kann, der schließt, so dass niemand mehr öffnen kann« (3,7), »das Amen, der treue und zuverlässige Zeuge, der *Anfang* der Schöpfung Gottes« (3,14).

Betrachten wir diesen Herrn der Zeiten, des Anfangs und des Endes, mithilfe dieser prägnanten Visionen seines Geheimnisses (1,10–18; 4,1–11). Und beten wir ihn dabei schweigend und mit Worten an: »Würdig bist du, unser Herr und Gott, Herrlichkeit zu empfangen und Ehre und Macht. Denn du bist es, der die Welt erschaffen hat, durch deinen Willen war sie und wurde sie erschaffen« (4,11). Oder rufen wir den Herrn mit derselben Geste der Anbetung bei den Namen an, die seine erwartungsvolle Kirche ihm gibt: O Weisheit, O Adonai und Fürst des Hauses Israel, O Spross aus der Wurzel Jesse, O Schlüssel Davids, O aufstrahlendes Licht aus der Höhe, O König der Völker, den sie alle ersehnten, O Immanuel, du König und Meister …

2. »Was von Anfang an war« führt uns zu dem grandiosen Anfang von Allem: »Im Anfang war das Wort« (Joh 1,1); »Im Anfang schuf Gott Himmel und Erde« (Gen 1,1). »Er ist das Ebenbild des unsichtbaren Gottes, der Erstgeborene der ganzen Schöpfung … Er ist vor aller Schöpfung, in ihm hat alles Bestand« (Kol 1,15–17). Rufen wir uns im Lichte dieses Anfangs unsere eigenen »Anfänge« ins Gedächtnis: den Anfang in Gott, den Anfang unseres christlichen Lebens, den Anfang unserer Berufung. Spüren wir den Blick des Herrn, der auf diese Anfänge unseres Lebens gerichtet ist, diesen Blick, der gründet, aufbaut und festigt.

3. Zu Beginn seiner Geistlichen Übungen stellt Ignatius uns vor Jesus Christus, unseren Herrn, Schöpfer und Erlöser: »Der Mensch ist dazu geschaffen, um Gott unseren Herrn zu loben, ihn zu ehren und ihm zu dienen, und auf diese Weise seine Seele zu retten; die anderen Dinge auf dem Antlitz der Erde sind für den Menschen geschaffen, damit sie ihm beim Verfolgen des Ziels, für das er geschaffen wurde, helfen mögen. Folglich soll der Mensch sie soweit gebrauchen, als sie ihn an sein Ziel bringen, und sich davon trennen, wenn sie ihn dabei behindern. Deshalb ist es nötig, dass wir uns darum bemühen, allen erschaffenen Dingen, das heißt allem, was wir frei wählen dürfen und was uns nicht verboten ist, grundsätzlich offen zu begegnen; sodass wir nicht mehr Gesundheit als Krankheit, nicht mehr Reichtum als Armut, nicht mehr Ehre als Verachtung wünschen sowie nicht lieber länger als kürzer leben wollen, und folglich mit allen anderen Dingen genauso verfahren. So wünschen und wählen wir einzig das, was uns am ehesten an das Ziel führt, für das wir geschaffen sind« (Ejercicios Espirituales 23, im Folgenden abgekürzt mit EE).

An diesem Anfang, auf diesem Prinzip und Fundament, wo uns der heilige Ignatius die inneren Einstellungen erklärt, die uns als Erlöste und nach Erlösung Strebende eigen sein sollten, schauen wir unter seiner Anleitung auf Christus, unseren Schöpfer und Retter. Und mit dem Konzept der grundsätzlichen Offenheit, der abwägenden Großzügigkeit bei der Wahl der Option, »die uns am ehesten an das Ziel führt«, erleben wir »Christus, der stets größer ist«, den »Deus semper maior«, den »intimior intimo meo«.[4]

4. Für den ersten Exerzitientag schlage ich Folgendes vor: Nehmen Sie Ihren Sendungsauftrag an, betrachten Sie sich dadurch als eingesetzt und vertrauen Sie wieder darauf, dass derselbe Herr, der Sie geschaffen und erlöst hat, Sie jetzt dazu beruft, »offen zu bleiben« und innerhalb Ihres Sendungsauftrags nach der abwägenden Großzügigkeit des *größeren Dienstes* zu streben.

In dieser Betrachtung werden Sie das Bedürfnis verspüren, sich persönlich mit Ihrer Berufung auseinanderzusetzen: mit den Gefühlen der Hoffnung und der Hoffnungslosigkeit, der Illusion und der Desillusion, der Mutlosigkeit, und mit Ihren Vorurteilen. Diese möchte ich Ihnen nun anhand einiger Beispiele für »typische Phrasen aus dem pastoralen Alltag« veranschaulichen. Ich schlage vor, dass Sie sie vor den Herrn bringen und überprüfen, ob sie auf Sie zutreffen. Gerne können Sie aus Ihrem eigenen unveröffentlichten Repertoire weitere Beispiele hinzufügen, so wie sie der Herr Ihnen im Gebet eingibt:

- »Das ist nicht mein Ding.«
- »Ich habe keine Lust mehr dazu.«
- »Es gibt weitaus lohnenswertere Aufgaben als diese.«
- »Ich habe das Gefühl, dass ich mich in der Arbeit mit einer anderen Gruppe besser verwirklichen könnte.«
- »Ich glaube, ich habe Wichtigeres zu tun.«
- »Vielleicht hätte ich mehr Spaß an meiner Arbeit, wenn die Bedingungen anders wären, und zwar so: …«

Trösten wir uns mit der Erinnerung an die besondere Beziehung zwischen dem Herrn und seinen Gesandten: Keiner fühlte sich dem Auftrag des Herrn gewachsen, alle hielten sich für unzulänglich. Mose: »Wer bin ich, dass ich zum Pharao gehen und die Israeliten aus Ägypten herausführen könnte?« (Ex 3,11). Jesaja: »Weh mir, ich bin verloren. Denn ich bin ein Mann mit unreinen Lippen« (Jes 6,5). Jeremia: »Ach, mein Gott, ich kann doch nicht reden, ich bin ja noch so jung« (Jer 1,6). Johannes der Täufer: »Ich müsste von dir getauft werden und du kommst zu mir?« (Mt 3,14). Und denken wir an Josef, der beschloss, sich heimlich von Maria zu trennen (vgl. Mt 1,19–20).

Dieser anfängliche Widerstand, die Unfähigkeit, die Größe des Rufs zu erfassen, die Angst vor der Sendung – all diese Reaktionen sind Zeichen des guten Geistes, vor allem dann, wenn die Berufenen nicht an diesem Punkt stehenbleiben, sondern zulassen, dass die Kraft des Herrn sich ihrer Schwäche annimmt, ihnen Beständigkeit verleiht und sie auf festen Boden stellt: »Ich werde bei dir sein und als Zeichen dafür soll dir dienen: Wenn du das Volk aus Ägypten herausgeführt hast, werdet ihr Gott an diesem Berg verehren« (Ex 3,12). »Das hier hat deine Lippen berührt: Deine Schuld ist getilgt, deine Sünde gesühnt« (Jes 6,7). »›Sag nicht: Ich bin noch so jung.‹ Wohin ich dich auch sende, dahin sollst du gehen, und was ich dir auftrage, das sollst du verkünden. Fürchte dich nicht vor ihnen; denn ich bin mit dir, um dich zu retten« (Jer 1, 7–8). »Lass es nur zu! Denn nur so können wir die Gerechtigkeit ganz erfüllen« (Mt 3,15). »Josef, Sohn Davids, fürchte dich nicht, Maria als deine Frau zu dir zu nehmen; denn das Kind, das sie erwartet, ist vom Heiligen Geist« (Mt 1,20).

Indem uns der Herr den Auftrag erteilt, *gründet er uns*. Er macht uns beständig, aber nicht rein funktionell, wie jemand, der irgendeine Beschäftigung oder Arbeit vergibt, sondern er stattet uns mit der Tapferkeit seines Geistes aus, welcher uns so an unsere Sendung bindet, dass sie unsere Identität dauerhaft prägt. Sich mit etwas zu identifizieren bedeutet, dass man dazugehört und dazu zu gehören bedeutet, dass man an dem, was Jesus gründet, teilhat. Und Jesus gründet uns in seiner Kirche, in seinem heiligen Volk der Gläubigen, zur Ehre des Vaters. Mag sein, dass unsere pastoralen Phrasen (s.o.) auf den gleichen Widerstand zurückgehen, den Mose, Jesaja, Johannes und andere gegen ihren Auftrag empfanden. Lassen wir doch zu, dass der Herr mit uns spricht und dass er unsere Angst, Kleinmütigkeit und egoistischen Haltungen wieder auf realistische Dimensionen zurückschraubt!

5. Jesus hat das Reich Gottes ins Leben gerufen und mit seinem Wort und seinem Leben unwiderruflich gegründet: Diese wertvolle Einladung, ihm anzugehören, können wir auf keinen Fall ausschlagen. Dazu hat er uns als Hirten seines Volkes begründet: Dies ist sein Wille für uns. In Bezug auf unser Fundament dürfen wir diese pastorale Dimension unseres Lebens nicht außer Acht lassen. Ich denke, dass uns bei der Betrachtung ein Text helfen würde, der buchstäblich dazu aufruft, sich als Hirte von Christus, unserem Herrn, neu aufbauen zu lassen. Daher lege ich Ihnen einige Passagen aus dem apostolischen Schreiben »Evangelii nuntiandi« von Papst Paul VI. ans Herz[5]. Lassen wir uns davon erleuchten und denken wir in diesem Licht einmal über uns selbst nach.

Auch Jesus hat eine Mission: »Von Stadt zu Stadt, vor allem den ärmsten, zur Aufnahme oft bereitesten Menschen die Frohbotschaft von der Erfüllung der Verheißungen und des Bundes zu bringen, der von Gott angeboten wird, das ist die Aufgabe, für die Jesus nach seinen eigenen Worten vom Vater gesandt worden ist. Alle Gesichtspunkte seines Mysteriums – die Menschwerdung selbst, die Wunder, die Unterweisungen, die Sammlung von Jüngern, die Aussendung der Zwölf, das Kreuz und die Auferstehung, das Verbleiben seiner Gegenwart inmitten der Seinigen – zielen auf diese vorrangige Tätigkeit: die Verkündigung der Frohbotschaft« (Evangelii nuntiandi 6, im Folgenden abgekürzt mit EN). Und damit verkündet Christus »an erster Stelle ein Reich, das Reich Gottes, das von solcher Bedeutung ist, dass im Vergleich zu ihm alles ›der Rest‹ wird, der ›hinzugegeben wird‹. Nur das Reich also ist *ein absoluter Wert* und relativiert alles andere« (EN 8).

Der Herr gründet das Himmelreich. Besinnen wir uns als Nächstes darauf, wie unterschiedlich Jesus *»das Glück«* beschreibt, »diesem Reich *anzugehören*; ein widersprüchlich erscheinendes Glück, das aus Dingen erwächst, die die Welt verschmäht; die Forderungen des Reiches und seine »Magna Charta«, die Herolde des Reiches, seine Geheimnisse, seine Kinder, die Wachsamkeit und die Treue, die von jedem gefordert werden, der seine endgültige Ankunft erwartet« (EN 8).

Der Herr gründet uns in seinem Reich, sein Geist lässt uns *das Glück der Zugehörigkeit* empfinden, die mit dem Geheimnis unserer Identität übereinstimmt.

6. Jesus gründet eine Gemeinschaft, der die Frohbotschaft verkündet ist und die sie wiederum selbst verkündet, denn »jene, die aufrichtig die Frohbotschaft annehmen, vereinigen sich also kraft dieser Annahme und des gemeinsamen Glaubens im Namen Jesu, um gemeinsam das Reich zu suchen, es aufzubauen, es zu leben. Sie bilden eine Gemeinschaft, die ihrerseits evangelisiert (…) Im Übrigen gilt die Frohbotschaft vom Reich, das kommt und das angefangen hat, für alle Menschen aller Zeiten. Jene, die sie empfangen haben, jene, die sie zu einer Gemeinschaft des Heils versammelt, können und müssen sie mitteilen und ausbreiten« (EN 13). Das heißt, »*dass die Aufgabe, allen Menschen die Frohbotschaft zu verkündigen, die wesentliche Sendung der Kirche ist*, eine Aufgabe und Sendung, die die umfassenden und tiefgreifenden Veränderungen der augenblicklichen Gesellschaft nur noch dringender machen. Evangelisieren ist in der Tat die Gnade und eigentliche Berufung der Kirche, *ihre tiefste Identität*. Sie ist da, um zu evangelisieren, das heißt, um zu predigen und zu unterweisen, Mittlerin des Geschenkes der Gnade zu sein, die Sünder mit Gott zu versöhnen, das Opfer Christi in der heiligen Messe immer gegenwärtig zu setzen, welche die Gedächtnisfeier seines Todes und seiner glorreichen Auferstehung ist« (EN 14).

In unserem Fall ist es unsere Berufung – unsere Identität als eine das Evangelium verkündende Gemeinschaft –, die uns glücklich macht. Nehmen wir diesen Ruf an: »mit Vollmacht das Wort Gottes zu verkünden, das zerstreute Volk Gottes zu sammeln und es zu nähren mit den Zeichen des Handelns Christi, wie es die Sakramente sind, um es auf den Weg des Heiles zu führen, um es in dieser Einheit zu erhalten, deren aktive und lebendige Werkzeuge wir auf verschiedenen Ebenen sind, und um diese Gemeinschaft unablässig neu anzuregen, die ihrer innersten Berufung gemäß um Christus versammelt ist« (EN 68).

Unser Auftrag, der uns manchmal Angst einjagt und uns Dinge sagen lässt wie die oben zitierten, besteht also darin, die Frohbotschaft zu verkünden und das gläubige Gottesvolk zu hüten. Ich wiederhole: Indem Jesus uns zu dieser Aufgabe beruft, verankert er uns im tiefsten Inneren unseres Herzens. Er gründet uns in unserer Identität, nämlich die eines Menschen, der sich um die Seelen anderer kümmert. In allem, was wir in unserem Leben als Seelsorgende tun – ob wir nun Kranke besuchen, Sakramente spenden oder andere im Glauben unterweisen – immer arbeiten wir gemeinsam mit Christus an der »Gründung« christlicher Herzen. Durch unsere Arbeit gründet und verwurzelt der Herr unser Herz gleichzeitig auch in dem seinen.

7. Diese von Jesus gegründete Gemeinschaft bringt den Menschen »im objektiven Sinn in Verbindung mit dem Heilsplan Gottes, mit seiner lebendigen Gegenwart, mit seiner Tätigkeit (…) Die Kirche lässt ihn so dem Geheimnis der göttlichen Vaterschaft begegnen, die sich der Menschheit zuneigt. Mit anderen Worten: Unsere Religion *stellt tatsächlich eine echte und lebendige Verbindung mit Gott her*« (EN 53).

Was bei unserer Aufgabe, christliche Herzen zu gründen, nicht fehlen darf, ist die Salbung, die der treue Gott, der Herr der Geschichte, uns gespendet hat. *Wenn unsere*

Theologie grundlegend sein will und im Herrn ihre Grundlage finden will, dann muss sie fromm sein. Diese Frömmigkeit darf jedoch nicht bereits bestehende Haltungen oder Denkweisen übertünchen. Nein, sie ist – um es einmal so zu sagen – die fundamentale Hermeneutik unserer Theologie und Lehre. Sie ist Leben. Es sollte so sein, dass wenn wir die Gegenwart Gottes im Alltag spüren, uns gar nichts anderes mehr übrig bleibt als zu sagen: »Gott ist da!« Und was macht man als Erstes in Gottes Gegenwart? Man fällt auf die Knie. Erst danach kommt der menschliche Intellekt, der das Verständnis von der Gegenwart Gottes erklärt und vertieft. Denken wir an das Motto *fides quaerens intellectum* (der Glaube, der die Einsicht sucht) oder an die Anekdoten über Heilige, die kniend Theologie studierten. Sehr aufschlussreich ist hier die Erklärung des Papstes, dass die Evangelisierung »auch die Verkündigung (…) des Geheimnisses des Bösen und des Strebens nach dem Guten [umfasst]. Gleichermaßen – *und das ist stets vordringlich – die Verkündigung von der Suche nach Gott selbst durch das Gebet, vor allem durch Anbetung und Dankopfer*, aber auch durch die Gemeinschaft mit jenem sichtbaren Zeichen der Begegnung mit Gott, das die Kirche Jesu Christi ist. Diese Gemeinschaft findet dann ihrerseits ihren Ausdruck im Vollzug der anderen Zeichen des in der Kirche lebenden und wirkenden Christus, nämlich der Sakramente« (EN 28). Und schließlich dürfen wir nicht vergessen, was wir zu gründen berufen sind und worauf wir uns durch den Herrn gründen lassen: »Die Evangelisierung besteht in ihrer Gesamtheit über die Verkündigung einer Botschaft hinaus darin, die Kirche einzupflanzen, die es aber ohne dieses sakramentale Leben nicht gibt, welches seinen Höhepunkt in der Eucharistie hat« (EN 28).

8. In Bezug auf die sogenannten Basisgemeinden nennt Paul VI. die *Gründungskriterien*, die Jesus für seine Kirche wollte. Diese geben Aufschluss über unsere derzeitige Situation und helfen uns bei unserer Gewissenserforschung. Wichtigste Voraussetzung für eine Gründung ist, dass sie innerhalb der Kirche geschieht. In der Kirche fest gegründete und verwurzelte Menschen: So möchte uns Jesus haben. Er braucht Menschen:

»– die vom Wort Gottes her zu leben suchen und nicht einer politischen Polarisierung oder modischen Ideologien erliegen, wobei ihr großes menschliches Potential missbraucht würde;

– die die stets drohende Versuchung zu systematischem Prostest und zu überzogener Kritik, die unter dem Vorwand der Echtheit und des Geistes der Zusammenarbeit erfolgen, klar meiden;

– die fest verbunden bleiben mit der Ortskirche, in die sie sich eingliedern, und mit der universalen Kirche, damit sie nicht der allzu bedrohlichen Gefahr erliegen, sich in sich selbst abzukapseln, dann sich selbst für die einzige echte Kirche Christi zu halten und schließlich die anderen kirchlichen Gemeinschaften zu verurteilen;

– die den Hirten, die der Herr seiner Kirche gibt, und dem Lehramt, das der Geist Christi diesen verliehen hat, aufrichtig verbunden bleiben;

– die sich niemals für den einzigen Adressaten oder Träger der Evangelisierung oder gar für den einzigen Hüter des Evangeliums halten, sondern im Wissen darum, dass die Kirche sehr viel weiter und vielfältig ist, innerlich annehmen, dass Kirche auch anders als durch sie Wirklichkeit wird;

– die täglich im Verantwortungsbewusstsein, Eifer, in ihrer Einsatzbereitschaft und Ausstrahlungskraft wachsen;

– die sich in allem dem Ganzen verpflichtet fühlen und niemals sektiererisch werden« (EN 58).

9. Wie ich bereits sagte, beschwört der Herr, der uns gründet und aufbaut, das Bild Gottes als *Deus semper maior* herauf: der Gott, der stets größer ist. Dies legt auch der heilige Ignatius in seinem Text »Prinzip und Fundament« nahe. Betrachten wir heute im Gebet dieses Bild, dass wir uns vom Herrn gründen und uns von ihm bei der uns aufgetragenen Aufgabe helfen lassen: christliche Herzen zu gründen. Rufen wir uns die vielen eifrigen Kirchenleute ins Gedächtnis, die wir kennen und die das Antlitz Christi bereits geschaut haben. Diese Erinnerung möge unser »Herz stärken« und uns davor bewahren, dass wir uns »nicht durch mancherlei fremde Lehren irreführen« lassen (Hebr 13,9). Vermeiden wir jene Lehren, die nichts aufbauen, sondern das solide Fundament des Herzens untergraben. Solche Lehren nähren das treue Gottesvolk nicht, sondern lassen Dantes Überlegungen in einem aktuellen Licht erscheinen:

»Nicht sagte Christus seiner ersten Schar: ›Geht in die Welt und predigt leere Worte!‹ Nein, *ihrer Rede gab er festen Grund.* Und diese klang so stark in seinem Munde, dass uns zum Kampf dem Glauben zu entflammen, sie Schild und Lanze machten aus der Schrift.«[6]

Doch statt von Schild und Lanze geschützt zu sein, werden die Herzen des treuen Gottesvolkes von verführerischen und zersetzenden Lehren geschwächt, »sodass die Schäfchen, die's nicht besser wissen, mit Wind genährt von ihrer Weide heimkehrn«[7].

Schöpfen wir Kraft aus der Erinnerung an die vielen Menschen, die uns vorausgegangen sind, und rufen wir uns die Ermahnung aus dem Hebräerbrief ins Gedächtnis: »Da uns eine solche Wolke von Zeugen umgibt, wollen auch wir alle Last und die Fesseln der Sünde abwerfen. Lasst uns mit Ausdauer in dem Wettkampf laufen, der uns aufgetragen ist, und dabei auf Jesus blicken, den Urheber und Vollender des Glaubens; er hat angesichts der vor ihm liegenden Freude das Kreuz auf sich genommen, ohne auf die Schande zu achten, und *sich zur Rechten von Gottes Thron gesetzt.* Denkt an den, der von den Sündern solchen Widerstand gegen sich erduldet hat; dann werdet ihr nicht ermatten und den Mut nicht verlieren. Ihr habt im Kampf gegen die Sünde noch nicht bis aufs Blut Widerstand geleistet« (Hebr 12,1–4).

Unser Glaube

»DENN ALLES, was von Gott stammt, besiegt die Welt. Und das ist der Sieg, der die Welt besiegt hat: unser Glaube« (1 Joh 5,4).

Die Fragen, die wir uns bezüglich unserem apostolischen Wirken stellen, lassen sich heutzutage so schwierig wie noch nie beantworten und bergen die Gefahr, dass uns die Ansätze, die eigentlich zur Treue ermutigen wollen, zu Fallstricken werden. Weil diese Sache so wichtig ist, dürfen wir hier in keiner Weise improvisieren. Dasselbe gilt für die verschiedenen apostolischen Entscheidungen, die wir in unserer Seelsorgetätigkeit fällen müssen.

Papst Paul VI. forderte, dass das Evangelium gerade »den Menschen unserer Zeit« verkündet werden müsse, die ja, wie wir alle nur zu gut wissen, »von Hoffnung erfüllt, aber gleichzeitig oft von Furcht und Angst niedergedrückt« sind (EN 1). In unserem apostolischen Leben sind Hoffnungen und Ängste häufig ineinander verflochten, hauptsächlich aber dann, wenn wir über die Modalitäten unserer Arbeit entscheiden. Tun wir dies, ohne zu wissen, worin genau diese Ängste und Hoffnungen eigentlich bestehen, wird es gefährlich. Dieses Risiko dürfen wir nicht eingehen, da von uns nichts Geringeres erwartet wird, als dass wir unseren Sendungsauftrag »in diesen Zeiten der Unsicherheit und der Verwirrung (…) mit immer mehr Liebe, Eifer und Freude erfüllen« (EN 1). Das klappt nicht aus dem Stehgreif.

Für uns Kirchenleute ist dieser Ansatz qualitativ über jede Vision der positiven Wissenschaften erhaben, weil er an eine *ursprüngliche Vision* appelliert, nämlich an die Ursprünglichkeit des Evangeliums. Diese Kraft wiederzufinden ist das Ziel dieser Exerzitien. Wir kommen zusammen und trösten einander »durch euren und meinen Glauben« (Röm 1,12). Möge sich unser Apostelherz nun erst recht durch diesen Glauben stärken, damit wir den Zusammenhang unseres Sendungsauftrags, den Zusammenhalt unseres apostolischen Leibes und den Zusammenklang unseres Denkens, Fühlens und Tuns wiederfinden können.

1. Die Berührung mit *unserem Glauben*, mit *dem Glauben derer, die uns vorausgegangen sind*, ist schon an sich befreiend und bedarf keiner Ergänzung, keiner näheren Bezeichnung. Er macht uns gerecht vor dem Vater, der uns erschaffen hat, vor dem Sohn, der uns erlöst und zu seiner Nachfolge berufen hat, und vor dem Heiligen Geist, der unmittelbar in unserem Herzen wirkt. In dem Moment, wo wir, die wir vom Geist gesalbt sind, eine konkrete Entscheidung treffen, werden wir durch unseren Glauben die Grenzen unserer Bemühungen klar erkennen und herausfinden, wie wir unsere Mittel klug und geschickt einsetzen können, sodass wir das Evangelium mit einer Überzeugungskraft verkünden, die von einer wirkungslosen

Nabelschau genauso weit entfernt ist wie die leichtfertige Fahnenflucht.

Unser Glaube ist revolutionär. Er ist schon in sich selbst »Grund-legend«. *Unser Glaube ist kämpferisch*, nicht weil er wahllos *Streit provoziert*, sondern weil er unter der Führung des Heiligen Geistes für ein wohl durchdachtes Vorhaben und das übergeordnete Wohl der Kirche kämpft. Andererseits stammt seine befreiende Kraft nicht von irgendwelchen Ideologien, sondern aus seiner Berührung mit dem *Heiligen: Sie bringt das Heilige zum Vorschein.* Denken wir an unsere Fürsprecherin, die Jungfrau Maria, an die Heiligen usw.

2. Doch gerade weil unser Glaube so revolutionär ist, wird er ständig vom Feind in Versuchung geführt. Dieser kann ihn zwar nicht vernichten, ihn aber durchaus schwächen, ihn unwirksam machen und den Kontakt mit dem Heiligen, mit dem Herrn allen Glaubens und Lebens, unterbinden. Und dann droht die Gefahr, dass wir uns Haltungen angewöhnen, die, obwohl sie uns theoretisch ziemlich fremd erscheinen, sich tief drinnen in unserem Sünderherzen verbergen und von uns so lange unbemerkt bleiben, bis wir uns einer genauen Prüfung unterziehen. Was ich damit meine, sind diese bequemen Vereinfachungen, durch die wir unsere schwere seelsorgerische Bürde, die permanent auf unserem Rücken lastet, abwerfen wollen. Schauen wir uns nun einige dieser Versuchungen an.

Mit die folgenschwerste ist die Versuchung, die unseren Kontakt zum Herrn unterbindet: *die Überzeugung von der Niederlage.* Angesichts eines per Definition kämpferischen Glaubens wird der Feind im Gewand des Lichtengels die

Samenkörner des Pessimismus aussähen. Denn niemand kann etwas in Angriff nehmen, wenn er nicht zuversichtlich darauf vertraut, dass er den Kampf auch gewinnt. Wer nicht siegessicher in die Schlacht zieht, hat sie schon vor Beginn zur Hälfte verloren. Der christliche Sieg ist zwar immer auch Kreuz, aber eben ein Kreuz als Siegesbanner.

Erlernen und üben werden wir diesen kämpferischen Glauben in Gesellschaft der einfachen Menschen. Während der Exerzitien tauchen vor unserem inneren Auge viele Gesichter auf von den Menschen, die wir seelsorgerisch betreuen. Das Gesicht der Demütigen, der kleinen, frommen Leute, ist immer ein Gesicht des Triumphes und wird fast immer von einem Kreuz begleitet.

Dagegen ist das Gesicht der Hochmütigen immer ein Gesicht der Niederlage. Sie akzeptieren das Kreuz nicht und wünschen sich eine bequeme Auferstehung. Sie trennen das von Gott Geeinte. Sie wollen wie Gott sein.

Der Geist der Niederlage verlockt uns zum Kampf auf verlorenem Posten. Ihm fehlt die kämpferische Zärtlichkeit, die wir beispielsweise in der Ernsthaftigkeit finden, mit der sich ein Kind bekreuzigt, oder in der Versunkenheit, mit der ein altes Mütterchen seine Gebete spricht. Solch ein Glaube ist die beste Prophylaxe gegen den Geist der Niederlage (1 Joh 4,4; 5,4–5).

Eine andere Versuchung ist die, *den Weizen zu früh vom Unkraut trennen zu wollen* (Mt 13,24–30). Pfarrer kennen diese Situation aus dem Beichtgespräch. Uns begegnen dort allerhand Nöte, aber auch das Beste des menschlichen Herzens: der reuevolle Mensch. Reue ist etwas zutiefst Menschliches. In der Predigt ist man ja manchmal recht streng, im Beichtstuhl fällt das jedoch schwerer. Dort kann man den Weizen nämlich nicht so einfach vom Unkraut trennen, und dort ist Gott.

Die Beichte ruft uns auch die Zeit ins Bewusstsein, denn wir haben mit menschlichen Prozessen zu tun, die sich nicht erzwingen lassen. So ist das Leben: Vollkommenheit gibt es nicht nur in Gott, sondern auch bei den Menschen. Umgekehrt ist Er kein ferner, weltentrückter Gott: »Er hat ihn für uns zur Sünde gemacht«, hören wir von Paulus (2 Kor 5,21). Das Irdische besteht nicht nur aus Sünde, wie es der Manichäismus lehrt. Unkraut und Weizen wachsen immer gemeinsam auf, und unser demütiger Auftrag besteht wohl eher darin, den Weizen zu behüten. Überlassen wir das Unkrautjäten also lieber den Engeln!

Eine weitere Versuchung: *die Werte des Verstandes über die Werte des Herzens zu stellen*. Das ist falsch. Nur das Herz eint und integriert. Ein Verstand ohne Mitgefühl neigt zur Spaltung. Denn es ist das Herz, das verbindet: die Vorstellung mit der Wirklichkeit, die Zeit mit dem Raum, das Leben mit dem Tod und der Ewigkeit.

Wir sind versucht, den Verstand von dem Ort wegzurücken, den Gott unser Herr ihm zugewiesen hat. Gott hat den Verstand geschaffen und ihn zur Erleuchtung des Glaubens bestimmt – nicht damit er sich zum Richter aller Wesen und Dinge aufschwingt. Er ist nur ein geliehenes Licht, eine Spiegelung. Unser Verstand ist nicht das Licht der Welt, sondern nur den Glauben erleuchtender Abglanz.

Das Schlimmste, das einem Menschen passieren kann, ist, dass er sich von den »Irrlichtern« seines Intellekts hinreißen lässt und sich als »neunmalklug« oder »siebengescheit« entpuppt. Es ist doch vielmehr so, dass unser Verstand die Aufgabe hat, die Saat des Logos, die *logoi spermatikoi*, in der Menschlichkeit zu entdecken.

Um den Glauben muss man bitten. Gott bewahre uns davor, dass wir Ihm und Seinen Heiligen gegenüber *nicht* zu notorischen Bittstellern werden! Es gibt ja einige, die meinen, dass das Bittgebet den anderen Gebetsformen unterlegen sei. Das finde ich ausgesprochen überheblich, denn wenn wir bitten und betteln, gestehen wir uns ein, dass wir nur Geschöpfe sind.

Wenn wir vor dem Glauben der Demütigen nicht auf die Knie fallen, wenn wir nicht bitten können und meinen, dass nur der vollkommene Glaube rettet, dann ist unser Glaube hohl – ein von aller Religiosität und Frömmigkeit abgespeckter Glaube. Ohne ein Verständnis des Religiösen läuft der Verstand »unterbelichtet« in die Irre. So lassen wir uns dazu hinreißen, den wahren Glauben anhand von kulturell-ideologischen Slogans zu erklären, und legen die alte Formel, dass wir allein durch den Glauben gerettet werden, in anderen Verpackungen wieder auf, wie beispielsweise: »Nur Gerechtigkeit kann uns retten« (womit eine geschichtslose Gerechtigkeit gemeint ist, die immer neu erfunden werden muss, weil die jetzigen Strukturen durch und durch schlecht sind) oder: »Nur das Risiko kann uns retten« (wenn man sich weder von früheren Ansätzen noch von der Erinnerung an bereits gegangene Wege leiten lässt) oder: »Glaube ist Engagement!« und: »Nur der engagierte Glaube rettet!« (weil man mit Engagement Risiko und Innovation verbindet oder weil man den eigenen Glauben so schwach auslebt, dass man ihn mit Adjektiven verstärken muss). Zugegeben, diese Beispiele sind ein wenig übertrieben, aber trotzdem …

Bemerkenswerterweise sind diese konkreten Formulierungen, die den Glauben beschränken (vgl. EN 33) ein Geständnis der Schwäche. Weil die Schwachen nicht glauben, dass ihr Glaube »Berge versetzen« kann, bewirken sie nichts. Doch diejenigen, deren Glaube stark ist, diese wissen, wo sie etwas bewirken, wo sie das Böse besiegen können (vgl. 1 Joh 2,14).

3. Da wir in dieser Betrachtung den Glauben unserer Mütter und Väter suchen, um ihn unversehrt und fruchtbar an unsere Kinder weiterzugeben, wäre es an dieser Stelle ratsam, dass wir uns das Bild unseres Gottes ins Gedächtnis rufen. Er ist kein abwesender Gott. *Er ist der Vater*, der uns großzieht, das tägliche Brot, das uns nährt, der Barmherzige, der seinen Kindern in den Momenten, da sich der Feind an sie heranmacht, beisteht. Er ist der Vater, der seinem Kind gibt, worum es ihn bittet – so es denn angebracht ist –, und der es immer zärtlich liebt. Damit akzeptieren wir, dass unser Gott sich *innerhalb bestimmter Grenzen* ausdrückt … und dass folglich auch unser pastoraler Ausdruck Grenzen hat (was der Vorstellung von einem, der den Schlüssel zur Welt in seinen Händen hält, der weder warten kann noch Mühsal kennt, der von Hysterie und Illusion getrieben lebt, so gar nicht entspricht).

Das ist *Erlösung:* Jesus, der verkündet, dass Gott sich innerhalb der Grenzen seiner Menschwerdung ausdrückt, und das Leben der Menschen teilen wollte. Erlöst hat uns nicht nur »der Tod und die Auferstehung Christi«, sondern erst der Mensch gewordene Christus, der Geborene, Fastende, Predigende, Heilende, Sterbende und Auferstehende. Seine Wunder, seine Worte und sein Trost sind Heilsbotschaft (vgl. EN 6), weil er uns lehrt, dass Synthesen nicht als Fertigprodukt daherkommen, sondern entwickelt werden und dass der Dienst am heiligen und treuen Gottesvolk bedeutet, es zu begleiten und ihm Tag für Tag die frohe Botschaft zu verkünden, statt in den Anblick unerreichbarer Berggipfel zu versinken, für deren Besteigung wir gar nicht die Kraft haben.

Es gibt also zweierlei Modelle: Zum Einen das unseres Glaubens, welcher Gott als Vater anerkennt und der für Gerechtigkeit und Mitmenschlichkeit steht. Und zum Anderen das Modell, das uns der Feind im Gewand des Lichtengels unterbreitet: die Vorstellung vom abwesenden Gott, das Gesetz des Stärkeren, der *homo homini lupus,* der Mensch, der dem Menschen ein Wolf ist. Wem spiele ich den Ball zu? Auf wessen Seite schlage ich mich? Kann ich zwischen beiden unterscheiden? Bin ich in der Lage, mit dem, was nicht von Gott kommt, zu diskutieren? Und wenn ich merke, dass ich es nicht schaffe, bin ich dann klug genug, um mich zu verteidigen?

4. Unsere *Identität als glaubende Menschen* beruht nicht auf der Bestätigung unseres isolierten Bewusstseins, sondern auf unserer Zugehörigkeit zu einem Leib. *Wer ich bin, wird dadurch bestimmt, zu wem ich gehöre.* Durch die Taufe *gehöre ich* zur Institution Kirche. Aufgrund meiner Zugehörigkeit suche ich als religiöser Mensch weniger die Befriedigung meines individuellen Bewusstseinsmomentes als vielmehr die Symbole, die eine verbindende Wirkung

haben, wie etwa die Jungfrau Maria oder die Heiligen. Darüber hinausgehend wird der Glaube bewusst gegen den Feind kämpfen und den gesamten Leib (statt nur die eigene Person) verteidigen.

All das verleiht uns *einen gewissen Realismus*: Wir wissen, wofür wir kämpfen. Je weniger man weiß, wofür man kämpft, desto eher verliert man. Diesen Aspekt unseres Glaubens dürfen wir in der pastoralen Arbeit nicht außer Acht lassen: dass andere mit unserer Hilfe herausfinden, wofür sie kämpfen und weise kämpfen lernen.

Neben der kämpferischen Dimension unseres Glaubens gibt es wie gesagt auch die Dimension *der Hierophanie, die Berührung mit dem Heiligen*. Dabei handelt es sich jedoch nicht um magischen Sakramentalismus. In den sakramentalen Zeichen vollziehen sich das tiefe Vertrauen in die Macht Gottes in der Geschichte und die besondere Gnade der Menschwerdung in der Gegenwart. Es ist ein physischer Kontakt zum Herrn, »der umherzieht, Gutes tut und alle heilt« (Apg 10,38).

Die *Taktik des Feindes* besteht darin, sowohl das Kämpferische als auch das im Irdischen aufscheinende Heilige zu ersticken, sodass unser Glaube seine Disziplin und Ehrfurcht einbüßt. Disziplin und Ehrfurcht sind direkte Folgen unseres Glaubens; sie lassen uns erkennen, welches Terrain sich am besten für die Verkündigung des Evangeliums eignet, für unseren Dienst am Glauben und die Förderung der Gerechtigkeit.

5. Zum Abschluss wollen wir im Gebet über den *Zustand unseres Glaubens im seelsorgerischen Leben* nachdenken und uns von den folgenden Fragen anleiten lassen:

a) Bestärke ich die von mir betreuten Menschen im Glauben an Gott, den allmächtigen Vater und bin ich mir bewusst, dass ich auf diese Weise den Weg des gerechten Gottes gehe?

b) Glaube ich jedes Mal, wenn ich die Jungfrau Maria betrachte oder über sie spreche, an das Revolutionäre der Sanftmut und der Liebe? Bin ich überzeugt davon, dass für unsere Werke der Gerechtigkeit ein wärmendes Zuhause sinnvoll ist?

c) Bin ich vor Gott unserem Vater ein notorisch bittender Mensch, erkenne ich ihn als den allmächtigen Vater an, der sein gläubiges Volk liebevoll umsorgt?

d) Bin ich mir bewusst, dass ich mit jedem religiösen, und daher verbindenden Zeichen (Lehre, Bilder, Sakramente) meine Zugehörigkeit zu einem Leib bekräftige? (vgl. EN 23)

e) Bin ich mir der Sünde bewusst und führt mich dies zur Buße und zur Verkündigung der Gebote? Oder habe ich diese durch einen selbstgenügsam machenden »Ethizismus« ersetzt?

f) Bin ich meinem Sendungsauftrag treu, den ich von der Kirche erhalten habe, welche sagt: »Sie sollen nicht ihre eigene Person oder ihre persönlichen Ideen predigen, sondern ein Evangelium, dessen absoluter Herr und Besitzer weder jene noch sie selbst sind, um darüber nach ihrem eigenen Gutdünken zu verfügen, wohl aber sind sie dessen Diener, um es in vollkommener Treue weiterzugeben« (EN 15).

Anhand dieser Fragen können wir unseren Glauben nach und nach überprüfen und schauen, ob wir wirklich Hirten sind oder klerikale Bürokraten. Streben wir danach, dass wir uns dem Leib der Heiligen Mutter Kirche, der Braut des Herrn, die wir lieben und um deren Zusammenhalt wir uns bemühen sollten, zutiefst zugehörig fühlen.

Als Hirten des treuen Gottesvolkes sollten wir darüber nachdenken, dass *Wahrheit* nicht genügt, wenn sie ohne *Nächstenliebe* bleibt, und so für die Einheit der Kirche sorgen. Wir dürfen über unsere Zustimmung zu irgendwelchen Programmen – mögen sie auch die besten sein – nicht den Leib vergessen: Wenngleich man die Eucharistie auch nach jedem Schisma rechtmäßig feiern kann, verliert sie dadurch doch ihren Wert als gemeinschaftlicher Tisch. Seelsorgende haben daher die Pflicht, Menschen vor der Spaltung zu bewahren, ihnen zu mehr Gemeinschaftlichkeit und Einheit mit der Mutter Kirche zu verhelfen, immer im Bewusstsein, dass Einheit über Konflikt steht[8].

Möge der Herr uns begreifen und spüren lassen, dass »die Verkündigung des Evangeliums« nicht nach Belieben geschieht. Sie »ist notwendig. Sie ist einzigartig. Sie kann nicht ersetzt werden. Sie erlaubt weder Gleichgültigkeit noch Vermischungen mit anderen Lehren oder falsche Anpassungen. Es geht hierbei nämlich um das Heil des Menschen. Sie stellt die Schönheit der Offenbarung dar. Sie bietet eine Weisheit, die nicht von dieser Welt ist. Sie ist imstande, durch sich selbst den Glauben zu wecken, einen Glauben, der auf der Macht Gottes gründet. Sie verdient es, dass der Glaubensbote ihr seine ganze Zeit und alle seine Kräfte widmet und, falls notwendig, für sie auch sein eigenes Leben opfert« (EN 5).

Die Sünde

»WENN WIR SAGEN, dass wir keine Sünde haben, führen wir uns selbst in die Irre, und die Wahrheit ist nicht in uns« (1 Joh 1,8; vgl. 1 Joh 1,5–2,2).

»Jeder, der die Sünde tut, handelt gesetzwidrig; denn Sünde ist Gesetzwidrigkeit« (1 Joh 3,4; vgl. 1 Joh 3,4–10).

Der erste Johannesbrief wirft die Frage nach der Sünde auf und enthält gleichzeitig die beiden grundsätzlichen Kriterien dafür: Gemeinschaft mit Gott ist ohne eine Umkehr des Herzens nicht möglich. Außerhalb von Jesus Christus gibt es keine Umkehr des Herzens.

Ein Herz, das nicht umkehrt, wandelt in Finsternis und will von ihr nicht lassen, weil es sie mehr liebt als das Licht (vgl. Joh 3,19–20). »Meine Kinder, ich schreibe euch dies, damit ihr nicht sündigt« lesen wir im Johannesbrief (1 Joh 2,1). Bitten wir um die Gnade, dass wir die Sünde nicht auf die leichte Schulter nehmen (vgl. Röm 6,1).

Erstens können wir Gott nicht kennen, ohne dass wir uns von Grund auf ändern, und zweitens können wir dies nicht selbst bewerkstelligen. Im Gewahrsein dieser beiden Wahrheiten keimt Hoffnung auf. Dazu fällt mir dieses Gebet ein: »Aus der Tiefe rufe ich, Herr, zu dir«

(Ps 130,1), im Bewusstsein, dass ich nichts bin (vgl. Ps 103,15–16). In diesem Aufschrei bekennen wir uns als gefangen und zerrissen (Röm 7,15). Und je näher wir dem Licht kommen, desto klarer ist unser Sündenbekenntnis.

Wer sündigt, handelt gesetzwidrig (1 Joh 3,4). Dieses eschatologisch zu verstehende Wort bezeichnet das grundsätzliche Unrecht der Endzeit, wo sich die Bösartigkeit der vom Teufel unterworfenen Welt offenbart. Es ist mehr als eine Schwäche, es ist die grundsätzliche Ablehnung des Lichtes. Umgekehrt ist die Abwesenheit von Unrecht eng mit der Gegenwart Jesu verbunden. Seit Jesus in die Welt gekommen ist, gibt es keine Entschuldigung mehr für das Unrecht (Joh 15,22), und der Geist selbst wird die Welt davon überzeugen (Joh 16,18–20). Das Wesentliche der Sünde, des begangenen Unrechts ist die radikale Ablehnung der von der Liebe verlangten Freiheit. Nicht nur, dass man unrecht handelt, sündigt und Böses tut. Es geht tiefer. Es ist eine Lebenseinstellung: Man *ist* sündig, man *ist* böse.

Die Sünde nistet sich nach und nach in unserem Herzen ein, sie verhärtet es, macht es böswillig. Hinter Ungehorsam verbirgt sich immer eine Abkehr vom Herrn, eine Art Zauberei beziehungsweise Götzendienst: »Denn Trotz ist ebenso eine Sünde wie die Zauberei, Widerspenstigkeit ist ebenso schlimm wie Frevel und Götzendienst« (1 Sam 15,23). An die Verhärtung des Herzens durch die Sünde und an die Abkehr von Gott hin zur Sünde erinnert uns immer wieder die Schrift (zum Beispiel Röm 1,18–20.). Am Ende dieses Prozesses werden wir von unserer Schlechtigkeit beherrscht: »Unsere Schuld trägt uns fort wie der Wind« (Jes 64,5). Die Verhärtung zeigt sich hauptsächlich darin, dass wir jede Herzensbitte des Herrn abschlagen und die Liebe zurückweisen, die vom menschgewordenen Wort Gottes kommt (da es von Demut, Selbstverleugnung und Kreuz spricht). Manchmal ist es aber auch gewollt, dass das Wort Gottes die Herzen der Halsstarrigen noch härter und rebellischer macht (Lk 8,10; Mt 13,13–15; Mk 4,12).

Jesus möchte, dass wir im Licht gehen, solange es noch hell ist, damit wir nirgends anstoßen (Joh 11,9–10). Das gilt auch für die Sünde: Wie lange wird die Geduld Gottes noch andauern? Und der heilige Ignatius schlägt vor, dass wir darüber staunen, »wie sie mich am Leben gelassen und mich darin erhalten haben« (EE 60). Strapaziere ich Gottes Geduld? Spiele ich mit der Liebe? Möge es uns nicht ergehen wie Esau!, »der für eine einzige Mahlzeit sein Erstgeburtsrecht verkaufte. Ihr wisst auch, dass er *verworfen wurde*, als er später den Segen erben wollte, denn er fand keinen Weg zur Umkehr, obgleich er unter Tränen danach suchte« (Hebr 12,16–17).

Lassen Sie uns mit dem Gebet des Jesaja schließen: »Wo ist dein leidenschaftlicher Eifer und deine Macht, dein großes Mitleid und dein Erbarmen? Halte dich nicht von uns fern! Du bist doch unser Vater; denn Abraham weiß nichts von uns, Israel will uns nicht kennen. Du, Herr, bist unser Vater, ›Unser Erlöser von jeher‹ wirst du genannt. Warum lässt du uns, Herr, von deinen Wegen abirren und machst unser Herz hart, sodass wir dich nicht mehr fürchten? Kehre zurück um deiner Knechte willen, um der Stämme willen, die dein Eigentum sind« (...)

Schon lange geht es uns so, »als wärest du nie unser Herrscher gewesen, als wären wir nicht nach deinem Namen benannt. Reiß doch den Himmel auf, und komme herab, sodass die Berge zittern vor dir« (Jes 63,15–19).

Die Sünde und der Verlust der Hoffnung

1. In der Betrachtung über die Sünde beschäftigen wir uns mit dem *grundlegenden Widerspruch unseres Lebens*: zwischen dem Plan Gottes, der uns gründet, auf festen Grund stellt und uns in seiner Kirche zusammenschließt, und dem wackligen Fundament der Sünde, die uns vom Herrn und unserer heiligen Mutter Kirche wegreißt und auf diese Weise unsere Zugehörigkeit zu ihnen untergräbt.

Beginnen wir diese Betrachtung in Demut, denn »als Volk Gottes, das mitten in dieser Welt lebt und oft durch deren Idole versucht wird, muss die Kirche immer wieder die Verkündigung der Großtaten Gottes hören, die sie zum Herrn bekehrt haben, von neuem von ihm gerufen und geeint werden« (EN 15). Unsere Demut entwächst dem Bewusstsein, wie oft und wie schwer wir gegen das Evangelium gesündigt haben.

Bitten wir den Herrn, dass wir die Grenzen spüren, die der Einberufung durch die heilige Mutter Kirche von der Sünde gesetzt werden. Denn die »universale Kirche ist ohne Schranken und Grenzen, außer denen, die Herz und Geist des sündigen Menschen leider setzen« (EN 61).

Unsere Sünde wirkt sich nicht nur auf uns selbst aus, sondern auf die ganze Kirche: Wir trüben ihre Heiligkeit, machen sie weniger fruchtbar und sorgen für Unordnung. Bitten wir um die Gnade zu »erfahren, wie hohl alle Idole sind« (EN 26). Besonders hohl sind jedoch die Götzen, die in Form von Situationen auftauchen, die »der heute häufig zu beobachtenden Entchristlichung« (EN 52) zugrunde liegen und an denen wir selbst teilnehmen. Sie verletzen unseren Glauben: »Dieser Glaube ist heute fast immer mit der Säkularisierung, ja sogar mit dem *militanten Atheismus* konfrontiert: es ist ein Glaube, der Prüfungen und Gefahren ausgesetzt ist; mehr noch, *ein Glaube, der angegriffen und bekämpft wird*. Er droht erstickt oder ausgezehrt zu werden, wenn er nicht täglich genährt und gestützt wird« (EN 54).

2. Bitten wir den Herrn um die Gnade der Umkehr, denn seine Güte offenbart uns, »dass die besten Strukturen, die idealsten Systeme schnell unmenschlich werden, wenn nicht die unmenschlichen Neigungen im Herzen des Menschen geläutert werden, wenn nicht bei jenen, die in diesen Strukturen leben oder sie bestimmen, *eine Bekehrung des Herzens und des Geistes* erfolgt« (EN 36). Möge Gott uns die Gnade erweisen, dass wir uns aus ganzem Herzen wieder neu an seinem Evangelium ausrichten. Obwohl wir dieses schon »als Gnade und Erbarmung« erhalten haben, müssen wir es immer wieder »durch die totale innere Umkehr« mit Gewalt an uns reißen (EN 10). Das heißt: Die Gabe Gottes wird uns zwar geschenkt, will gleichzeitig aber auch erobert sein. Gebe Er uns die Kraft, dass wir uns beharrlich um die Bekehrung unseres Herzen bemühen.

Umkehr ist eine Gnade: Wir müssen sie tagtäglich erbitten und uns für dieses Bittgebet viel Zeit nehmen. Denn wenn das Herz in seiner Sünde bleibt, wird es hart. Während Gott nie müde wird zu verzeihen, wird das ungeduldige Herz schnell müde und verlernt die Kunst des Um-Verzeihung-Bittens.

Wir brauchen Jesu Wort, das unsere Sinne öffnet: »Begreift ihr denn nicht? Wie schwer fällt es euch, alles zu glauben, was die Propheten gesagt haben. Musste nicht der Messias all das erleiden, um so in seine Herrlichkeit zu gelangen?« (Lk 24,25–26). Durch die Worte des auferstandenen Herrn begreifen wir, wie hilfreich das Schuldbekenntnis und wie wichtig die aufrichtige Umkehr des Herzens ist. Letztere kann man nur erbitten. Sie ist ja auch Teil unserer Berufungsgnade, für die wir offen sein müssen. Bitten wir also mit den Worten des heiligen Ignatius immer wieder um die Gnade eines »gesteigerten und heftigen Schmerzes und der Tränen über meine Sünde« (EE 55).

3. Treffsicher zielt Satans Werk der Sünde auf das, was uns von Grund auf zusammenhält: das Herz, die Hoffnung. Ohne Hoffnung zerfällt das Herz des Menschen in lauter Einzelteile. Das heißt: Als vermeintliche Alternative zu der zusammenführenden Tugend der Hoffnung wird uns prompt die schneckenförmig in sich zusammengeschlossene, repetitive und unfruchtbare Hoffnungslosigkeit angeboten. Schauen wir, welche Formen die Hoffnungslosigkeit im Laufe der Heilsgeschichte angenommen hat und prüfen wir, ob sie sich auf irgendeine Art und Weise auch in unserem Herzen eingenistet hat.

4. Da ist zum Beispiel die Hoffnungslosigkeit eines Volkes, das in der Wüste Nein sagt zum lebendigen Gott der Hoffnung und stattdessen lieber ein Götzenbild anbetet (Ex 32,7–10; 32,15–24); das Nein sagt zur Hoffnung des Heilsplanes und sich lieber nach den Zwiebeln und dem Knoblauch der Sklaverei zurücksehnt (Num 11,5); das Nein sagt zur Führung Gottes und sich in die bequeme Anarchie des Murrens flüchtet (Ex 16,6–8; 17,1–7). Es sind Menschen, die Prüfungen und Schwierigkeiten meiden. Hier steht genau das auf dem Spiel, was ich oben sagte: dass das Reich und das Heil uns von Gott geschenkt sind, aber eben auch erobert sein wollen. Diese Gottesgaben »kann jeder Mensch erhalten *als Gnade und Erbarmung*, und dennoch muss sie ein jeder *mit Gewalt* an sich reißen (…) durch Anstrengung und Leiden, durch ein Leben nach dem Evangelium, durch Verzicht und Kreuz« (EN 10).

Das ungeduldige Herz, dem nur daran gelegen ist, so schnell wie möglich ans Ziel zu preschen, will nicht mehr Geschöpf, sondern selbst Schöpfer sein. Doch in solchen immanent egoistischen, rebellischen und individuell-materialistischen Vorhaben ist die Strafe bereits vorprogrammiert. Ungeduld wird immer bestraft: mit Unfruchtbarkeit. Wer alles auf einen Schlag erreichen will, erreicht am Ende nämlich gar nichts. Die Vorhaben der Ungeduld sind wie Samenkörner, die auf felsigen Boden fallen: Sie treiben keine Wurzeln, haben keinen Tiefgang, sind wie leere, substanzlose Worthülsen ohne Bestand.

Ungeduld und Hoffnungslosigkeit sind fähig, das Vorhaben von Menschen und das Bild eines alle Menschen zusammenrufenden Vaters zu demontieren. Damit untergraben sie aber auch deren Entschlossenheit, ihre Fähigkeit zum Kampf, ihre apostolische Geduld und Ausdauer (und verwandeln sie in feige Klatschmäuler). In ihrem Bestreben, sich über die Zeit hinwegzusetzen, bewirken Ungeduld und Hoffnungslosigkeit eine teuflische Illusion: Gott unter Kontrolle zu bringen, über Gott zu bestimmen.

All diese vermeintlichen, aus Ungeduld und Hoffnungslosigkeit geborenen Herausforderungen nimmt Christus am Kreuz auf sich: In Ihm erfahren wir, dass Gott der immer Größere ist, dass die Sünde sich verflüchtigt und dass die Hoffnung Geduld und Beständigkeit gebiert. Denn das Reich Gottes entsteht nicht auf einen Schlag. Es wird vielmehr stetig und »mit Geduld im Verlauf der Geschichte fortgeführt«, »um dann voll verwirklicht zu werden am Tage der endgültigen Ankunft Christi« (EN 9).

5. Die Hoffnungslosigkeit zersetzt die Familie (2 Sam 11 u. 12). David hatte den Auftrag, das Volk Gottes zusammenzuhalten, doch von Ungeduld getrieben, demontierte er nicht nur seine eigene Grundlage, die Familie, sondern auch seine Verantwortung und Gerechtigkeit gegenüber seinen Mitmenschen. Diese Art der Zersetzung beginnt immer unmerklich, ohne dass wir ihr eine Bedeutung beimessen. Zuerst ist sie wie ein flüchtiger Geschmack. Doch dann nistet sie sich allmählich ein, entwickelt sich munter weiter, bis sie uns schließlich ganz in ihrer Gewalt hat. In der Tat, sie hat eine solche Macht, dass wir unserem Auftrag, Hirten des gläubigen Gottesvolkes zu sein, untreu werden.

6. *Die Ungeduld zersetzt das Vertrauen.* Als David eine Volkszählung anberaumt (2 Sam 24), tauscht er die Hoffnung im Grunde genommen gegen eine empirische Überprüfungsmaßnahme ein. Denn es ist etwas ganz anderes, ob man seine zur Verfügung stehenden Mittel und Kräfte für ein besonnenes Vorgehen messen will (Lk 14,28–32) oder ob man damit nur seine Eitelkeit befriedigt. David »beschränkt« das Heil auf seine eigene Macht und gleicht damit gewissen Christen, die »oft versucht sind, ihre Sendung auf die Dimensionen eines rein diesseitigen Programms zu beschränken: ihre Ziele auf eine anthropozentrische Betrachtungsweise; das Heil, dessen Bote und Sakrament sie ist, auf einen materiellen Wohlstand; ihre Tätigkeit, unter Vernachlässigung ihrer ganzen geistlichen und religiösen Sorge, auf Initiativen im politischen und sozialen Bereich« (EN 32).

David ist so stolz auf seine Macht, dass er darüber seine Sünden vergisst und der Versuchung erliegt, die von Gott gewollte Erlösung zu opfern: zugunsten den Erfordernissen »irgendeiner Strategie, einer Praxis oder eines kurzfristigen Erfolges« (En 33). Er stört die Einheit zwischen Gott und Seinem Volk und kreiert ein neues Götzenbild: »meine Macht, unsere Macht«. Wie oft erleben wir, dass jemand sich an der Einheit zwischen den Menschen und Gott zu schaffen macht! Wie oft nutzen wir die Hilfsbedürftigkeit anderer Menschen aus, obwohl wir sie doch eigentlich mit sanfter Hirtenhand lenken sollten! Und wie oft klüngeln wir mit bestimmten Gruppierungen oder werden selbst zu machthungrigen Diktatoren! Da auch wir Menschen unserer Zeit sind, besteht immer auch die Möglichkeit, dass wir eher Brüche und Spaltungen auslösen als Einheit zu stiften und Verständigung herbeizuführen. Und weil auch wir zu Blindheit und Ungerechtigkeit neigen, fördern wir eher Unterdrückung und Gewaltherrschaft, statt uns für die Beachtung der individuellen und kollektiven Rechte innerhalb einer echten Gemeinschaft einsetzen.

7. Die Hoffnungslosigkeit zersetzt die Mitmenschlichkeit, wie in der Geschichte, als Saul David beneidete (1 Sam 18,6–17; 1 Sam 19,8–18). Unter Sauls Neid verbirgt sich ein notorischer Mangel an Spürsinn, denn statt sich seinem Volk zu widmen und selbst vom Zusammenhalt der Menschen zu profitieren, die sich alle um David scharen, *verschließt er sich in seine halsstarrige Weigerung*, den von Gott Gesalbten anzuerkennen. Der Neid verfehlt immer das Ziel: Er kämpft um das Falsche. Wer andere um etwas Gutes beneidet, verliert das wahrhaft Gute: In diesem Fall die Freude am gemeinsamen Unternehmen, am institutionellen Leib.

8. *Die Hoffnungslosigkeit untergräbt die beständige apostolische Führung.* Hierzu passt die Geschichte von Esau, der für ein Linsengericht sein Erstgeburtsrecht verliert (Gen 25,19–34; 26,34–35; Hebr 12,15–18). Er ist wie ein Hedonist, der keine Entbehrungen erträgt und nur auf seinen sofortigen Genuss aus ist. Mit den Dingen Gottes geht er achtlos um und sagt als Begründung: »Weil ich dazu gerade keine Lust habe«. Das Linsengericht symbolisiert alle Arten von Schmeicheleien. Auch uns Klerikern fällt es ausgesprochen schwer, uns für dumm halten zu lassen, nicht das letzte Wort zu behalten, nicht überall und immer die neueste Wahrheit zu verkünden usw. Wir bringen es

einfach nicht über uns, mit einem ehrlichen »Ich weiß nicht« zu antworten, weil wir nicht wollen, dass man uns für unwissend oder desinteressiert hält. Doch aus Verantwortung für das treue Gottesvolk sollten wir auf übereilte Antworten verzichten und beherzigen, dass das Schweigen eine Eigenschaft der Weisheit ist: Die Weisheit verzichtet auf den Angriff und die sofortige Verteidigung. Und sie verzichtet auf den Genuss, »in« zu sein, trendige Reden zu schwingen und um Rat gefragt zu werden.

Anhand dieser Beispiele aus der Schrift sehen wir, wie zersetzend die Macht der Hoffnungslosigkeit ist. Die Möglichkeit, dass wir in ihr versinken, tragen wir immer in uns. So steht geschrieben (Mt 12,45): Der böse Geist geht »und holt sieben andere Geister, die noch schlimmer sind als er selbst«, um erneut anzugreifen.

Schließen wir diese Betrachtung mit dem demütigen Bekenntnis, dass wir sündig und trotzdem vom Herrn erwählt sind, »mit einem Dialog der Barmherzigkeit, indem ich nachdenke und unserem Herrgott danke, weil er mir bis jetzt das Leben geschenkt hat. Ich nehme mir vor, mich von nun an durch seine Gnade zu bessern« (EE 61).

Der Geist der Welt

»Liebt nicht die Welt und was in der Welt ist! Wer die Welt liebt, hat die Liebe zum Vater nicht. Denn alles, was in der Welt ist, die Begierde des Fleisches, die Begierde der Augen und das Prahlen mit dem Besitz, ist nicht vom Vater, sondern von der Welt. Die Welt und ihre Begierde vergeht; wer aber den Willen Gottes tut, bleibt in Ewigkeit« (1 Joh 2,15–17).

»Wir wissen: Wir sind aus Gott, aber die ganze Welt steht unter der Macht des Bösen« (1 Joh 5,19).

In den Versen, die dem ersten der beiden Zitate vorausgehen (1 Joh 2,12–14), werden wir an unseren Sieg erinnert: »ihr habt den Bösen besiegt«. Das klingt, als ob uns jemand sagen wollte: »Fürchtet euch nicht vor der Welt«, »wir sind Kinder von Siegern.« Zur Stärkung wollen wir diese Zeilen noch einmal langsam und mit Muße lesen. Aus all diesen Worten – sogar aus der zärtlichen Anrede »meine Kinder« (2,18; 3,7; 3,18; 5,21) – weht uns ein sanfter Wind entgegen, der uns Kraft und Mut verleiht und uns gegen den Schrecken wappnet, der uns beim Einzug in die Schlacht oder schon beim Gedanken daran überfällt.

»Dies habe ich zu euch gesagt, damit ihr in mir Frieden habt. In der Welt seid ihr in Bedrängnis; aber habt Mut: Ich habe die Welt besiegt« (Joh 16,33). Was uns gläubig macht und uns für den Kampf gegen die Welt stärkt, ist die Erinnerung, dass wir bereits erlöst sind. Wir erinnern uns an die Stunde des Triumphes und der Verherrlichung Jesu: »Die Stunde ist gekommen, da der Menschensohn verherrlicht wird«, »jetzt wird der Herrscher dieser Welt hinausgeworfen« (Joh 12,23 u. 31). Der Herrscher dieser Welt hat über Christus keine Macht (Joh 14,30), weil er schon gerichtet ist (Joh 16,11). So begreifen wir, dass es tatsächlich wahr ist: Unser Glaube verhilft uns zum Sieg über die Welt (1 Joh 5,4). Tapfer ziehen wir in den Kampf gegen die Welt, wir verwandeln uns »in Sieger«, indem wir den Rat des heiligen Paulus in die Tat umsetzen: »Seid wachsam, steht fest im Glauben, seid mutig, seid stark!« (1 Kor 16,13). Wir wissen, dass wir dem Herrn alle Sorgen anvertrauen können, denn er wird sich um uns kümmern, auch wenn uns der Teufel umkreist (vgl. 1 Petr 5,7–8).

Johannes mahnt uns, die Welt nicht zu lieben. Damit meint er eine von Gott unabhängige Welt, die Welt, die wir wie ein Objekt behandeln, das man besitzen kann. Diese Welt, die einst geschaffen wurde, um uns zu Gott zu führen, kehrt sich gegen sich selbst, sie wendet sich von der Herrschaft Christi ab und verwandelt sich in eine »böse Welt«. Und diese Degradierung ist eine Folge der Begehrlichkeit: Wenn der »Wunsch« sich zur Begierde steigert, sprechen wir vom »Geist der Welt«. Vor diesem Geist warnt Jesus. Er definiert ihn als einen Geist, der das Wort erstickt (Mt 13,22), als einen Vater, dessen Kinder schlauer sind als die

Kinder des Lichts (Lk 16,8). Der Geist der Welt bewirkt, dass sich unser begehrliches Herz nach dem Fleisch sehnt und unser Auge nach dem stolzen Vertrauen auf die Güter dieser Welt schielt (vgl. 1 Tim 6,9; Joh 7,18).

Der Geist der Welt zeugt Ungläubigkeit, Gott- und Herzlosigkeit. Er und kein anderer ist es, der im trügerischen Mantel einer Weisheit, die letzten Endes nicht mehr ist als ein gutes Gespür für günstige Gelegenheiten, das Denken verblendet (2 Kor 4,4). Er kann nicht über den Tellerrand seines Egoismus schauen: »Wo sind die Scheingelehrten dieser Welt? Hat Gott nicht die Weisheit der Welt als Torheit entlarvt?« (1 Kor 1,20). »Und doch verkündigen wir Weisheit unter den Vollkommenen, aber nicht Weisheit dieser Welt oder der Machthaber dieser Welt, die einst entmachtet werden« (1 Kor 2,6).

Darum beschwört uns der heilige Paulus: »Gleicht euch nicht dieser Welt an!« (Röm 12,2). Dies ist eine Warnung an uns alle, da wir gesündigt haben und dem Herrn begegnet sind: »Ihr wart tot infolge eurer Verfehlungen und Sünden. Ihr wart einst darin gefangen, wie es der Art dieser Welt entspricht, unter der Herrschaft jenes Geistes, der im Bereich der Lüfte regiert … als wir noch von den Begierden unseres Fleisches beherrscht wurden, [folgten wir] »dem, was das Fleisch und der böse Sinn uns eingaben« (Eph 2,1–3).

Während die Sünde unser Herz verhärtet und uns böse macht, werden wir durch den Geist der Welt eitel. Diese Krankheit des Herzens ist so subtil, dass die Wüstenväter sie mit einer Zwiebel verglichen, an deren Innerstes man nicht so einfach herankommt: Man zupft die Schalen nacheinander ab, doch irgendetwas bleibt immer zurück. Ein eitles Herz ist ein sicherer Hafen für die »klerikalen Abarten« von Unordnung und Ungehorsam, die das Gesicht der Kirche, unserer heiligen Mutter, entstellen. Hinter jeder *moralistischen, naiv-optimistischen oder relativistischen Konsenssuche* stoßen wir auf ein schwaches und eitles Herz, das generell die Führung des treuen Gottesvolkes durch die von Gott dafür bestimmten Menschen vereiteln will.

Diese Haltungen führen zu der hinlänglich bekannten Zersplitterung der Kirche: Wenn das »verkündete Evangelium von Lehrstreitigkeiten, von ideologischen Gegensätzen oder von gegenseitigen Verurteilungen unter Christen zerrissen erscheint, weil [die Verkündiger] unterschiedliche Auffassungen über Christus und die Kirche haben, ja und dies sogar wegen unterschiedlicher Auffassungen von der Gesellschaft und den vom Menschen geschaffenen Institutionen« (EN 77). Zuweilen ist es aber die Haltung, andere zu »verwunden«, besonders die im Glauben Schwachen, nämlich »mit Aussagen, die für die Eingeweihten klar sein mögen, doch für die übrigen Gläubigen eher Anlass zu Verwirrung und Ärgernis werden können, zu einer Verwundung der Seele« (EN 79). Und so wird Mutter Kirche in ihrem Inneren zerrissen und die »Glaubwürdigkeit«, die Christus uns aufgetragen hat – »Sie sollen eins sein …, damit die Welt glaubt« – ad absurdum geführt.

»Sogar im Inneren der Kirche – bisher Prototyp des Heiligen, Unantastbaren und Einzigen, das wahrhaft solide und stabil ist – haben sich nicht nur Respektlosigkeit, Kritik und Zwietracht unter Christen eingenistet, sondern auch das Risiko des Säkularismus, die Politisierung des Evangeliums, eine grassierende Desorientierung, der Verlust der Identität gottgeweihten Lebens sowie die Gefahr, dass die Einheit in Lehre und Disziplin auseinanderbricht. Und alles im Namen Jesu Christi und im Glauben an sein Evangelium!«[9]

Die Verwirrung spitzt sich zu, wenn man unbesonnen darüber spricht und von den Kanzeln Uneinigkeit predigt. So versammeln sich manche Christen »in einem Geist scharfer Kritik an der Kirche, die sie gern als ›institutionell‹ brandmarken; im Gegensatz zu ihr wollen sie charismatische Gemeinschaften sein, frei von Strukturen und nur vom Evangelium her lebend. Bezeichnend für sie ist also eine offenkundige Haltung der Kritik und Ablehnung gegenüber kirchlichen Formen, ihrer Hierarchie und ihrer Zeichen. Sie stellen diese Kirche radikal in Frage. In diesem Zusammenhang wird das sie tragende Gedankengut sehr schnell zu einer Ideologie, und es ist höchst selten, dass sie nicht schon bald Opfer einer politischen Richtung, einer bestimmten Strömung, eines Systems oder gar einer Partei werden, mit dem ganzen damit verbundenen Risiko, deren Instrument zu werden« (EN 58). Letzten Endes bezweifeln sie ihre Zugehörigkeit zur Kirche, weil sie davon überzeugt sind, dass ihr eigenes Lebensmodell besser ist als das von Mutter Kirche (vgl. EN 60). Statt »die Kirche einzupflanzen« (EN 28), pflanzen sie lieber ihre persönliche Vorstellung von Kirche ein.

Unter diesen weltlichen Sünden gegen die Wahrheit der Kirche gibt es heutzutage eine weitere Sündenfalle, in die man leicht tappen kann. Damit meine ich Dinge wie zu starke Vereinfachungen, Mittel zum Selbstzweck oder taktische Wendemanöver. Darauf hat seinerzeit schon Papst Paul VI. hingewiesen. Besinnen wir uns auf die Abschnitte 32, 33, 35, 37 und 58 von Evangelii Nuntiandi und richten wir unseren Blick auf den »Kriegsschauplatz« und die dort lauernden Gefahren: »Das ist der Grund, warum in der Verkündigung der Befreiung und in der Solidarität mit denen, die sich für sie einsetzen und für sie leiden, die Kirche es nicht hinnimmt, dass ihre Sendung nur auf den Bereich des Religiösen beschränkt wird, indem sie sich für die zeitlichen Probleme des Menschen nicht interessiert; sie bekräftigt jedoch den Vorrang ihrer geistlichen Sendung; sie weigert sich, die Verkündigung des Reiches Gottes durch die Verkündigung der menschlichen Befreiungen zu ersetzen, und behauptet, dass auch ihr Beitrag zur Befreiung unvollkommen wäre, wenn sie es vernachlässigte, das Heil in Jesus Christus zu verkünden« (EN 34).

Vielleicht würde es uns ganz guttun, wenn wir vor dem Herrn ein wenig leiden und ihn um Verzeihung bitten für die vielen Male, die wir auf dem Schauplatz unserer pastoralen Aufgaben gesündigt haben. Das Böse, das wir unwissentlich tun, ist wie eine Krankheit, die sich ausbreitet. Und wenn wir einen Fehler an uns entdecken, möge uns der Herr die Geistesgnade der Reue und Buße gewähren, durch die wir uns anhaltend bessern.

In seinem Exerzitienbuch ermutigt Ignatius zur Meditation über Sünde im Allgemeinen sowie über die eigenen, persönlichen Sünden. Anschließend legt er drei Gespräche ans Herz. *Das erste Gespräch* sollen wir mit Maria, unserer Herrin, führen. An sie richten wir die Bitte, »dass sie für mich von ihrem Sohn und Herrn Gnade erwirke in Bezug auf drei Dinge. Das erste: dass ich mir meiner Sünden im Innersten bewusst werde und sie verabscheue; das zweite: dass ich die Unordnung meiner Handlungen wahrnehme, damit ich mich durch die Abscheu davor bessere und mein Leben ordne; das dritte: dass ich um eine Bewusstheit der Welt bitte, damit ich durch die Abscheu davor mich von weltlichen und eitlen Dingen abwende.« Anschließend wiederholen wir dieses Gespräch noch zweimal, einmal mit dem Sohn und dann noch einmal mit dem Vater (EE 63).

Ich muss meinen Sünden, der Unordnung meiner Handlungen (das heißt meinen sündhaften Wurzeln, meiner Todsünde) so begegnen, wie ich der Welt begegne: *bewusst und mit Abscheu*. Dies führt zur Besserung. Und in diesem Rahmen bildet sich eine fundamental christliche Fähigkeit: die Fähigkeit zur *Verurteilung*. Das klare »Ja ja, nein, nein«, das Jesus uns lehrt, bedeutet eine geistliche Reife, die uns aus der Oberflächlichkeit eines törichten Herzens befreit. Christen und Christinnen müssen wissen, welche Dinge zu akzeptieren und welche zu *verurteilen* sind. Wir können uns nicht mit dem Feind unseres Heiles zusammensetzen und »Dialoge führen«: wir müssen ihm die Stirn bieten, ihn schon an *seiner Intention packen*.

Schließen wir nun mit einer Bitte aus der Adventsliturgie: »Reinige uns von den Spuren unseres früheren sündigen Lebens« (dritte Adventswoche) und denken wir daran, dass uns diese Gnade schon vom Herrn gewährt wurde, als er versprach: »Dann entferne ich aus deiner Mitte die überheblichen Prahler« (Zeph 3,9–13).

Das Reich Christi

»WENN WIR SEINE Gebote halten, erkennen wir, dass wir ihn erkannt haben … Wer sich an sein Wort hält … ist … vollendet. Wir erkennen daran, dass wir in ihm sind. Wer sagt, dass er in ihm bleibt, muss auch leben, wie er gelebt hat … Und doch schreibe ich euch ein neues Gebot … Wer sagt, er sei im Licht, aber seinen Bruder hasst, ist noch in der Finsternis« (1 Joh 2,3–11).

Tun wir, worum er uns bittet uns halten wir seine Gebote: die Seligpreisungen des Reiches wider den Täuschungen einer eher engherzigen und kleinmütigen Einstellung. »Wer sagt: Ich habe ihn erkannt!, aber seine Gebote nicht hält, ist ein Lügner« (1 Joh 2,4). Das ist aber schon die zweite Lüge. Davor kommt aber noch eine andere Lüge. Diese erste Lüge ist der Zustand der Sünde, die ungläubige Seele. Und die zweite Lüge besteht darin, dass wir behaupten, Gott zu kennen, und ihm dann aber nicht aus der Nähe folgen. Und ausgerechnet wir, die Hirten des treuen Gottesvolkes, fallen manchmal auf diese zweite Lüge hinein und führen ein Doppelleben.

Im »Prinzip und Fundament« der ignatianischen Exerzitien bitten wir um die Gnade, Gott gegenüber gerecht zu sein. Wir haben ihn als Schöpfer anerkannt. Nun kommen wir mit dem Herrn, unserem Erlöser, zusammen. Möge er uns die Gnade gewähren, dass wir ihn als Erlöser anerkennen und ihm gerecht werden. Was bedeutet das denn: dem Erlöser gerecht werden? Und wie werden wir von seiner erlösenden Gerechtigkeit erfüllt? Zum Beispiel, indem wir die Wege akzeptieren, die Ignatius uns – mit seiner realistischen Vorstellung vom geistlichen Kampf – aufzeigt: per Beleidigung, Schmähung und Armut. Denken wir daran, dass wir den Weg nicht selbst bestimmen und bitten wir um die Gnade, dass wir uns von Gott anschauen lassen und nicht nur Gottes Heilskraft und seinen für uns gewählten Wegen gerecht werden, sondern auch dem Geheimnis des Lebens Jesu, des Herrn, der uns auf diese Weise heilen wollte: durch Beleidigung, durch Schmähung und durch Armut.

Die Armut lieben wir »wie die eigene *Mutter*«. Wir umwerben sie nicht wie eine »Diva«, mit der wir angeben. Die Armut, die vereint und integriert, bildet einen Gegensatz zu dem Reichtum, der entzweit, und der Bedürftigkeit, die desintegriert.

Wir lieben die Beleidigung und die Verleumdung. Das unterscheidet sich von einer Haltung, bei der man nur die eigenen Werte auslebt. Auch diese ist destruktiv, weil sie sich mir und den anderen als einzig gültiger Weg aufzwingt. So wollen wir arm sein an dem Bekräftigen unserer Individualität, um nicht dem Reichtum des Individualismus zu verfallen.

Wir sind arm, um die wahren Chancen der Gerechtigkeit in der Welt zu entdecken. Wir suchen nicht den Geltungsdrang und den Reichtum jener abstrakten Gerechtigkeit, die nicht belebt, sondern sich selbst oder andere tötet. Diese hat im Grunde genommen nichts mehr gemein mit dem dramatischen Kampf, den Jesus an uns heranträgt und der damit verbundenen Mühe, weil sie stattdessen einer heroischen, flüchtigen und vagen »Effekthascherei« verfallen ist.

In die Alltagssprache übersetzt haben Beleidigung, Schmähung und Armut die Bedeutung von Arbeit. Dies ist das Gesetz des Lebens, dem alle unterworfen sind und das alle gleich macht. Doch da wir nicht geneigt sind, Freude und Leid mit anderen zu teilen und ihnen darin ähnlich zu sein, müssen wir uns – wenn wir dem Dienst am Reich Gottes treu bleiben wollen – dazu zwingen und das umarmen, was Egoisten Beleidigung, Schmähung und Armut ist.

Jesus aus der Nähe zu folgen bedeutet, ihm auf dem Weg zu folgen, den Er als Erster gegangen ist, und so zu leben, wie er gelebt hat: »Mein Wille ist es, alle Lande der Ungläubigen zu erobern. Wer also mit mir kommen will, muss sich mit dem begnügen, was ich esse und trinke, womit ich mich kleide und so weiter. Ebenso muss er tagsüber mit mir zusammen arbeiten und nachts mit mir zusammen wachen und so weiter. Denn so, wie er zuvor an meiner Mühe teilgehabt hat, so soll er nachher auch an meinem Sieg teilhaben« (EE 93). Und dies aus Liebe, im Bewusstsein, dass wir getrennt von ihm nichts vollbringen können (Joh 15,1–5). So wollen wir seinem Ruf bedingungslos folgen (Lk 9,23–26; 9,57–62), in der Überzeugung, dass der Menschensohn keinen Ort hat, wo er sein Haupt hinlegen kann, dass der Tod zum Glück keine Macht über das Leben hat und dass wer – mit Sehnsucht –

nach dem Knoblauch und den Zwiebeln Ägyptens schielt, nicht für das Reich Gottes geeignet ist.

Jesu Ruf zu folgen und seine Einladung ins Reich Gottes anzunehmen bedeutet, »ihm in der Mühsal«, das heißt in unserer Arbeit zu folgen. Schließen wir diese Betrachtung damit ab, dass wir uns selbst als Mitarbeiter und Mitarbeiterinnen anbieten, und zwar mit den Worten, mit denen der heilige Ignatius den apostolischen Arbeitsstil beschreibt: »Ich will und ich verlange und es ist mein wohlüberlegter Entschluss« (EE 98).

»Ich will« stellt sich gegen das Zaudern und Hadern, »ich verlange« gegen die Trägheit des Herzens (Akedia), »mein wohl überlegter Entschluss« gegen die Unbeständigkeit. Das ist alles andere als eine kapriziöse Liebelei, diese Schnapsideen, die nur Ausdrucksform, nur Verkleidung für Unbeständigkeit sind – des wahren Symptoms der Herzensträgheit. Gerechtigkeit am treuen Gottesvolk verlangt jedoch sehr viel Beständigkeit und die Bereitschaft, jederzeit seine, mitunter recht anstrengende Bitte nach der Salbung (das heißt der Berührung) Gottes zu erfüllen: durch Sakramente, Segnungen, Worte und so weiter.

Die Gläubigen sind anstrengend, weil sie um konkrete Dinge bitten. Da sind Aufgaben, die Fluchtwege in die Phantasie ermöglichen, zuweilen sehr verlockend, weil wir in unserer Innenwelt selbst den Ton angeben können. Wer sich jedoch ausschließlich um die Pflege seiner eigenen Phantasie kümmert, merkt nicht, wie dringlich das Konkrete ist. Die pastorale Arbeit in der Gemeinde verlangt zwar durchaus ein gewisses Maß an Reflexion und intellektueller Arbeit, doch grundsätzlich wird man die meiste Zeit den Werken der Nächstenliebe widmen. Und nur aus Nächstenliebe können wir all die unterschiedlichen Bitten mit gleichbleibender Freundlichkeit erfüllen. Da fragt zum Beispiel jemand, ob er ein Versprechen ändern könne, ein anderer möchte in der Kathedrale getauft werden, die nächste verlangt, dass die Messe für einen Verstorbenen an einem ganz bestimmten Tag stattfinden soll. In religiösen Dingen sind Menschen ja manchmal äußerst anspruchsvoll. Wer seine christlichen Pflichten zuverlässig erfüllt, fordert eben die gleiche Zuverlässigkeit von denen, deren Pflicht die Seelsorge ist. Priester gehören nie sich selbst. Sie flüchten sich zwar manchmal in andere Dinge, doch gegenüber einer Mutter, die um eine Haussegnung bittet, wegen der man kilometerweit laufen oder fahren muss, werden all diese »anderen Dinge« nichtig. Wir müssen den Gläubigen aber gerecht werden.

Die *apostolische Beständigkeit* basiert auf dem festentschlossenen Willen. Mehr noch: Ist eine Gruppe – ein Leib – fest entschlossen, entsteht eine *Institution.* Denn Menschen können sonst nicht gut miteinander funktionieren. In Wahrheit ist es ja die gesetzgebende Kraft, die regiert, weil sie den Menschen einen Regelkatalog gibt, nach denen sie sich richten können. So ist auch die Kirche kein Luftwesen, keine rein spirituelle Angelegenheit, sondern eine sichtbare Organisation, die von allen wahrgenommen wird. Eine pastorale Institution besteht aus Körper und Seele, aus Tradition und Charisma, aus Geschichte und Gegenwart. *Die Geistlichen mögen manchmal allein dastehen, aber die Kirche ist immer da. Jedes Glied des Leibes ist in sich eine Nachbildung der gesamten Institution.*

Die Kirche will immer lebendige und geisterfüllte Institutionen, denn eine tote Tradition nützt gar nichts. Gemäß ihrer Berufung soll die Kirche keine rein formale Organisation sein, die auf bürokratischem Papierkram oder dem Götzendienst der Zahlen gebaut ist. Wir brauchen das Gesetz, aber ein lebendiges. Und das wird es erst durch den Geist. Andererseits darf die Kirche nicht alles der spontanen Eingebung überlassen.

Und woher stammen die kirchlichen Institutionen, die Missionswerke, Gemeinden und Orden? Alle haben eine gemeinsame Quelle, diese einzige, die von unserem Herrn Jesus Christus geliebte Quelle. Wie alle Dinge des Herrn entspringt sie dem Geheimnis und wächst im Stillen, nur von Gottes Hand behütet, wie das Samenkorn. Es handelt sich um die Sakramente – besonders aber die Taufe und die Eucharistie –, die (wie Augustinus sagt) aus der Seite Christi herausfließen. Einzig und allein dieser Quelle entspringen die sichtbaren kirchlichen Institutionen.

Manchmal heißt es Sakramente versus Evangelisierung (EN 47), als ob es sich um Gegensätze handelte. Man spricht sogar von »Sakramentalismus«. Doch wird dabei eins vergessen: dass die Sakramente auf der soliden Basis einer globalen Katechese im Schoß des treuen Gottesvolkes gespendet werden. Was ist denn das Ziel einer pastoralen Institution? Die Gnade der Taufe zu perfektionieren oder Christi Reich zu vergrößern? Und was ist das Ziel eines Missionswerks oder einer Gemeinde? Die Gründung von Fördergesellschaften oder die Förderung von Leben? Leben wird nur von einer durch und durch sakramentalen Institution gefördert: »Dieses übernatürliche Leben kommt in den sieben Sakramenten und der ihnen eigenen wunderbaren Ausstrahlung der Gnade und Heiligkeit lebhaft zum Ausdruck« (EN 47).

Dies bildet die Grundlage unserer *institutionalisierenden apostolischen Beständigkeit*. Meiner Meinung nach darf das Taufsakrament nicht als leere Geste ausgeführt werden. Vielmehr sollten diejenigen, die es spenden, innerlich davon so bewegt sein, dass ihnen die Hände zittern, weil sie überzeugt sind, dass sie damit das Fundament einer Institution legen.

Eine institutionelle Dimension der Kirche ist unsere apostolische Treue, die wir gegen jegliche Trägheit des Herzens wappnen müssen. Ihr Schutzschild ist unsere beständige Arbeit, die wir heute vor dem Herrn tun, als Frucht des »*Ich will und verlange und es ist mein wohl überlegter Entschluss*«.

Ich möchte gern noch ein wenig bei diesem antiapostolischen Laster namens Akedia verweilen, jener Trägheit des Herzens, die unsere Sendung als Hirten des gläubigen Volkes wie eine Motte zerfrisst. Sie gleicht einer zeit- und raumlosen Utopie, weil sie es ablehnt, Verantwortung für konkrete Zeiten, Orte und Menschen zu übernehmen. Akedia taucht in unserem seelsorgerischen Leben in verschiedenen Gestalten auf, und wenn wir sie unter ihren Verkleidungen erkennen wollen, müssen wir sehr wachsam sein.

Manchmal taucht sie in Form einer Lähmung auf, wenn man nicht mehr in den Lebensrhythmus hineinfindet. Dann wiederum als schwindelerregende Hyperaktivität, als ein ewiges Hin und Her, das eine Unfähigkeit wiederspiegelt, in Gott und in der konkreten Situation Wurzeln zu schlagen. Oder sie zeigt sich in ehrgeizigen Plänen, bei denen nicht auf die konkreten Einzelheiten geachtet wird, die zur Realisierung eines Vorhabens nötig sind, oder wenn man sich umgekehrt in momentane Kleinigkeiten verstrickt und den übergeordneten Plan Gottes aus den Augen verliert. Wie hilfreich ist in diesem Zusammenhang die Grabinschrift des heiligen Ignatius! »Nicht begrenzt werden vom Größten, doch umschlossen sein vom Kleinsten – das ist göttlich«![10]

Wir haben schon viele gesehen, die von der Akedia in Versuchung geführt wurden: die von unrealistischen Projekten träumen, um nicht das zu realisieren, was sie leicht realisieren könnten; oder jene, die nicht akzeptieren, dass Dinge sich prozessartig entwickeln, sondern sie spontan erzeugen wollen; die glauben, es sei schon alles gesagt; die finden, man solle lieber nicht weitergehen; die, weil ihr Herz wie das der Emmausjünger verschlossen ist, nicht offen sind für die »neuen Schritte« des »wieder vorübergehenden« Herrn; die nicht warten können und die Herde zerstreuen, weil sie sich der Hoffnung verschließen. Menschen, die unter Akedia leiden, zerstreuen, weil sie das verloren haben, was Menschen eint: die Lebendigkeit, das Leben.

Gestehen wir uns ein, dass Akedia eine Realität ist, die uns oft heimsucht und unser Alltagsleben bedroht. Geben wir demütig zu, dass wir davon betroffen sind und nähren wir uns vom Worte Gottes, welches uns die Kraft gibt, zu wollen, zu verlangen und einen wohlüberlegten Entschluss zu fassen. Denn das neue Gebot erfordert unseren ganzen Einsatz: Wir sind dazu aufgerufen, Hass mit Liebe zu besiegen und Gewalt mit Sanftmut.

Versetzen wir uns von Ignatius angeleitet in die Situation der Jünger. Er möchte, dass wir uns »bildlich die Synagogen, Städte und Berge vorstellen, wo Christus unser Herr predigte« (EE 91). Unsere Berufung erfordert, dass wir täglich daran arbeiten, beständig sind und uns immer wieder unermüdlich sagen: »Ich will und verlange und es ist mein wohl überlegter Entschluss« (EE 98). Zu antworten: »All diese Gebote habe ich von Jugend an befolgt« (Mk 10,20) reicht nicht. Auf die Einladung: »Komm und folge mir« kann es nur eine Antwort geben, nämlich die des Petrus, der alles hinter sich lässt (Lk 18,28–30).

Nur wer sich von dem zögerlichen Wunschdenken, der Akedia und der Unbeständigkeit befreien kann und sich tagtäglich von früh bis spät für den seelsorgerischen Dienst abplagt, hat wirklich begriffen, welchen Preis der Rettungsschirm Christi kostet. Stillschweigend werden die fleißigen Arbeiter und Arbeiterinnen in guter Zusammenarbeit mit dem Bischof die Einheit der Kirche schützen und stärken: diese aus der Zugehörigkeit zur Mutter Kirche entwachsende Teilhabe am Werk Gottes, welche uns zu Kindern des Vaters, Brüdern und Schwestern im Geiste und Müttern und Vätern des treuen Gottesvolkes macht. Nur die Unermüdlichen wissen in ihrem »Ich will und verlange und es ist mein wohlüberlegter Entschluss«, wie man sie bewahrt: die »makellose Einheit« der Kirche (wie sie der heilige Ignatius von Antiochien in seinem Brief an die Epheser, 2,2 nannte).

So wie die wahre Dimension der Sünde sich erst im Kontakt zum Herrn zeigt, so zeigt sich auch die wahre Größe des Gesetzes erst in der Nachfolge des Herrn.

Diese beginnt manchmal aus reiner Neugier mit der Frage: »Meister, wo wohnst du?« (Joh 1,35–51), läuft letztlich aber immer auf die absolute Selbsthingabe hinaus: »Als du noch jung warst, hast du dich selbst gegürtet und konntest gehen, wohin du wolltest. Wenn du aber alt geworden bist, wirst du deine Hände ausstrecken, und ein anderer wird dich gürten und dich führen, wohin du nicht willst« (Joh, 21,15–23). Wir können ihm nur nachfolgen, wenn wir uns tagtäglich abmühen, wenn wir nicht nur Freuden und Tröstungen (Mk 9,2), sondern auch Kreuze und Todesängste (Mk 14,33) auf uns nehmen und dabei den Blick stets auf den Herrn fixieren: »den Urheber und Vollender des Glaubens; er hat angesichts der vor ihm liegenden Freude das Kreuz auf sich genommen, ohne auf die Schande zu achten, und *sich zur Rechten von Gottes Thron gesetzt*« (Hebr 12,1–4).

Beenden wir das Gebet, indem wir uns selbst der Arbeit als Opfergabe darbringen, in Anwesenheit des ganzen himmlischen Hofstaates. Mein Opfer geschehe öffentlich, vor der triumphierenden Kirche und zugunsten des treuen Gottesvolkes: »Ewiger Herr aller Dinge, in Gegenwart deiner unendlichen Güte und deiner glorreichen Mutter und all den Heiligen deines himmlischen Hofstaates bringe ich mit deiner Gunst und Hilfe mich selbst als Opfer dar: Ich will und verlange und es ist mein wohl überlegter Entschluss, wenn es zu deinem größeren Dienst und Lobpreis gereicht, nach deinem Vorbild jede Beleidung, jede Verleumdung und jede leibliche wie geistliche Armut zu erdulden, wenn deine heiligste Majestät mich zu solch einem Leben und Zustand erwählen und empfangen will« (EE 98).

Gott ist unser Licht

»Das ist die Botschaft, die wir von ihm gehört haben und euch verkünden: Gott ist Licht, und keine Finsternis ist in ihm« (1 Joh 1,5).

Auf dem Weg zur Krippe geht uns ein Licht auf (Mt 4,16). Jenes ewige Licht erfasst den Vater, der im Geheimnis der Menschwerdung Fleisch wird. Oder eigentlich sind es ja zwei Geheimnisse: Das Licht, das zuerst in der Stille Nazareths und im Frieden des nächtlichen Bethlehems verborgen leuchtet, das dann aber allen Völkern (Jes 60,1–3; Mt 2,2–9) und auch den Jüngern (Joh 8,12; 9,5; 12,46) erscheinen wird. In diesem Licht müssen wir wandeln, um dessen Kinder zu sein (Joh 12,36).

Aus der Finsternis wurden wir in sein wunderbares Licht gerufen (1 Petr 2,9) mit der Bitte, seinem Ruf zu folgen, sodass wir uns von der Finsternis zum Licht bekehren (Apg 26,18), und unseren Weg zu gehen, *solange* das Licht erstrahlt (Joh 12,35–36).

Dieses Licht, das auch durch uns das Licht der Welt ist (Mt 5,14–16; Lk 11,33), verändert uns, aber nicht nur, indem es uns von außen umhüllt, sondern auch, indem es unser Herz, unser Ansinnen und unsere Liebe von innen her wandelt (Apg 22,6.9.11.13; 9,3; 12,7). Und durch unser Zeugnis und unsere apostolische Sendung ist es weiterhin ein Licht für die Völker (Apg 13,47).

Um unserer Sendung treu zu sein, müssen wir wachsam bleiben, weil das Licht in uns auch Finsternis sein kann (Mt 6,23) und wir dadurch stolpern können (Joh 11,10), weil das Böse sich als Lichtengel tarnt (2 Kor 11,14), damit wir weiterhin für unsere eigenen Anmaßungen blind bleiben (Joh 9,40–41), wie die Pharisäer oder Herodes.

Dieses Licht wird uns – definitiv – am Ende, im Offenbarwerden des Herrn (Offb 22,5), umhüllen und auch wir werden strahlen, wenn wir im Licht gewandelt und unsere Werke Werke des Lichts gewesen sind (Eph 5,9).

Jesus Christus ist das Licht, weil er uns – als Einziger, der es gesehen hat – das Geheimnis Gottes offenbart (Joh 1,18). Öffnen wir unser Herz nun diesem Licht, das uns verwandelt, das uns zu Kindern des Lichtes, des Vaters der Lichter, macht. In Ihm war das Leben und das Leben war das Licht der Menschen (Joh 1,4).

Wir sollten uns nun noch einmal neu auf die apokalyptischen Visionen des Herrn besinnen, indem wir in dem Fleisch gewordenen Wort und in dem in der Krippe weinenden Kind das Licht immer mehr für uns entdecken und uns zugleich von diesem Licht erfüllen lassen: Offb 1,12–18; 4,1–11 sowie der Beginn der Lichtmanifestation Gottes im Buch Genesis 1,3 und die Lobpsalmen (vgl. Ps 104,2).

Es sind die kleinen Leute, die Gläubigen, die dieses Licht empfangen: die Hirten, die Magier, Elisabeth, Zacharias, Simeon, Anna, Joseph und Maria. Alle werden vom Licht einberufen, im scheinbaren Halbdunkel, in der Mittelmäßigkeit eines gewöhnlichen Lebens. Dort werden auch die Kinder der Finsternis lauern, deren Werke böse sind (Joh 3,19), die Herodesse aller Zeiten, »die den Leib der Kinder morden, weil sie die Furcht im Herzen mordet«[11]. Und auch die Lauen, die das konventionelle Licht bevorzugen, weil sie es nicht anders gelernt haben und schon immer so machen, und die dem rufenden Herrn nicht die Tür öffnen können (Offb 3,20), der in eine Krippe gelegt wurde, weil in der Herberge kein Platz war (Lk 2,7). Weder die Kinder des Bösen noch diejenigen, die (weil sie lau sind) nach ihrer Pfeife tanzen und sich davon mehr Geltung bei den Menschen versprechen, tragen zum Heil bei. Es sind die Einfachen, die Gerechten, die wissen, wer das Land gewonnen hat: »deine Rechte war es, dein Arm und dein leuchtendes Angesicht, denn du hattest an ihnen Gefallen« (Ps 44,4).

Die Unterscheidung der Geister

»LIEBE BRÜDER, traut nicht jedem Geist, sondern prüft die Geister, ob sie aus Gott sind; denn viele falsche Propheten sind in die Welt hinausgezogen (...) Ihr aber, meine Kinder, seid aus Gott und habt sie besiegt; denn Er, der in euch ist, ist größer als jener, der in der Welt ist« (1 Joh 4,1–4).

Da wir uns im Kampf um das Himmelreich nicht den Luxus der Naivität leisten können, mahnt uns Johannes zur klugen Voraussicht. Sie macht weise und erfordert die Unterscheidung der Geister.

Unterscheidung der Geister bedeutet nicht, seinen eigenen Geist zu trainieren, sondern das Herz durch die Gegenwart des Heiligen Geistes zu bereiten, damit es die Werke Gottes und die Versuchungen des Teufels differenziert erkennt. Das geht nur, wenn man sich ganz für das göttliche Handeln öffnet. Der oberflächliche oder mit sich selbst beschäftigte Geist kann das nicht: Ihn verlockt die augenscheinliche Wahrheit, mit der alle falschen Propheten Lüge und Ehrsucht tarnen.

Unterscheidung der Geister besteht auch nicht darin, dem Kommen und Gehen innerer Reaktionen Aufmerksamkeit zu schenken, so als wären diese autonom. Jede »Geistesregung« hat einen Ursprung: »Ich gehe davon aus, dass es in mir dreierlei Gedanken gibt: einen, der mein eigener ist und ganz und gar meinem freien Willen entspringt. Die beiden anderen kommen von außen: der eine aus dem guten Geist und der andere aus dem bösen Geist« (EE 32). Damit man sich nicht vom bösen Geist täuschen lässt, sondern immer den Eingebungen des Herrn folgt, muss man herausfinden, woher die Gedanken stammen und in welche Richtung sie gehen. Und schließlich übt man die Unterscheidung der Geister nicht aus einer neutralen Zone heraus, so als würde man einer Schlacht zuschauen, mit der man nichts zu tun hat. Nein: Man unterscheidet, indem man sich grundsätzlich an den Herrn bindet, aus dem Verlangen, »sich selbst zu besiegen und sein Leben frei vom Einfluss jeglicher ungeordneter Neigungen zu ordnen« (EE 21). Ein klares Kriterium für die Unterscheidung finden wir im ersten Johannesbrief (4,2–3): das Bekenntnis zur Anstoß erregenden Menschwerdung, die Verkündung Jesu Christi, dem Fleisch gewordenen Wort Gottes. Der böse Geist spaltet, und er spaltet immer auch Jesus. Damit verleugnet er die Einheit. Die Spaltung Christi und seiner Kirche ist Zeichen für die Gegenwart des Antichristen und des Teufels. Jede Art der Spaltung oder Sektenbildung ist eine Nachbildung der Sünde, welche die ersten Engel begingen (indem sie sich, wie überliefert ist, der Menschwerdung Gottes widersetzten).

Vom göttlichen Geist ist das Bekenntnis, dass das Wort Gottes, »untrennbar und unvermischt« (*indivise et inconfuse*), Fleisch angenommen hat. Jede Abweichung von diesem

Bekenntnis hatte im Laufe der Kirchengeschichte erhebliche Folgen für den Leib Christi: sei es für die Eucharistie, die Armen (das heißt die schmerzenden Glieder Christi) oder die Kirche, besonders aber für die Einheit zwischen dem Leib der Kirche und dem Herrn, ihrem Kopf. Wir praktizieren die Unterscheidung, indem wir an das Fleisch gewordene Wort Gottes glauben, das empfangen vom Heiligen Geist und geboren aus der heiligen Jungfrau Maria unter Pontius Pilatus gekreuzigt worden, gestorben und am dritten Tag wiederauferstanden ist. Wir unterscheiden im Glauben an Christus, wahrhaft Gott und wahrhaft Mensch, dessen menschliche Natur untrennbar und unvermischt mit seiner Göttlichkeit vereint ist.

An dieser Stelle fallen mir die energischen Worte ein, die Ignatius von Antiochien in seinem Brief an die Smyrnäer (Kap. 1–4) richtete: »Ich preise den Gott Jesus Christus, der euch so weise gemacht hat; ich habe nämlich erkannt, dass ihr vollendet seid in unerschütterlichem Glauben, wie angenagelt mit Leib und Seele an das Kreuz des Herrn Jesus Christus, gefestigt in der Liebe im Blute Christi, vollkommen (im Glauben) an unseren Herrn, den wahrhaftigen Spross aus dem Geschlechte Davids dem Fleische nach, den Sohn Gottes nach dem Willen und der Macht Gottes, wahrhaft geboren aus der Jungfrau und von Johannes getauft, auf dass jegliche Gerechtigkeit von ihm erfüllt würde; wahrhaft unter Pontius Pilatus und dem Vierfürsten Herodes für uns im Fleische (ans Kreuz) genagelt, von dessen Frucht wir (stammen) von seinem gottgepriesenen Leiden, auf dass er für ewige Zeiten durch seine Auferstehung sein Banner erhebe für seine Heiligen und Getreuen, sei es unter den Juden oder unter den Heiden in dem einen Leibe seiner Kirche (...) Ich nämlich weiß und vertraue darauf, dass er auch nach der Auferstehung derselbe war im Fleische. Und als er zu Petrus und seinen Genossen kam, sprach er zu ihnen: ›Fasset (mich) an, betastet mich und sehet, dass ich nicht ein körperloser Geist bin.‹ Und sogleich betasteten sie ihn und glaubten, da sie in Fühlung gekommen waren mit seinem Körper und seinem Geiste. Deshalb verachteten sie auch den Tod und zeigten sich stärker als der Tod. Nach der Auferstehung aß und trank er mit ihnen wie ein leibhaftiger Mensch, obwohl er dem Geiste nach vereinigt war mit dem Vater.«[12]

Betrachten wir dieses Fleisch gewordene Wort Gottes und schauen wir, wie es »auf einem weiten Feld in jener Gegend von Jerusalem lagert, demütig, schön und voller Anmut« (EE 144) im Gegensatz zu dem »Heerführer aller Feinde, der in jenem großen Feldlager Babyloniens residiert, wie auf einem hohen Thron aus Feuer und Rauch, abstoßend und Furcht erregend« (EE 140). Dieses Bild appelliert an das Kämpferische unserer Nachfolge Christi. Ignatius von Loyola regt zur Meditation über zwei Banner an, zwischen denen wir uns entscheiden müssen. »Der erste Schauplatz ist der, wie Christus alle ruft und sie unter sein Banner wünscht, und Luzifer dagegen unter das seine« (EE 137). Es ist ein »unverzichtbarer« Kampf: so alt wie die Welt und zugleich so neu, dass wir uns kaum der Gefahr seiner Faszination entziehen können. Christus kämpft in mir, mit demselben Teufel, den er schon am Kreuz besiegt hat.

Der heilige Ignatius möchte, dass wir um Weisheit und kluge Voraussicht beten: »dass ich die Täuschungen des bösen Rebellenführers erkenne und Hilfe bekomme, damit ich mich davor hüten kann; dass ich das wahre Leben des höchsten und wahren Herrschers erkenne; und dass mir die Gnade erwiesen wird, ihm nachzueifern« (EE 139). Und damit stellen wir uns unter das Banner Christi und verpflichten uns zu seiner Nachfolge, und zwar als Siegende (1 Joh 2,13–14; 4,4; 5,4–5). Diesen Glauben an das Siegesbanner müssen wir jedoch immer wieder erneuern, weil wir auch hier, im Kampf gegen die scheinheiligen und eitlen Pseudowahrheiten des Bösen, vom »Lichtengel« getäuscht werden (2 Kor 11,14) und die gemeinste Niederlage erleben können: dass wir beginnen, dem Banner Christi zu folgen und – nach und nach – den Anschluss verlieren. Die Niederlage besteht im Verlust der »ersten Liebe« (Offb 2,4; Jer 2,2). Die schlimmste Versuchung: sich zum Verwalter aufzuschwingen und seine Knechte und Mägde zu schlagen. Mit diesen Menschen wird es am Ende schlimmer stehen als am Anfang (Lk 11,26).

Der Feldzug des Teufels erfolgt immer über die gleichen Etappen: Reichtum, Ehrsucht und Hochmut. Daraus entspringen alle weiteren Sünden und Laster: »Höre die Rede, mit der [Satan] sie dazu anstachelt, Netze und Ketten auszuwerfen; zuerst sollen sie [die Menschen] mit der Begierde nach Reichtum verlocken – wie er es meistens selbst zu tun pflegt –, damit sie leichter zu eitler Weltenehre und infolge zu maßlosem Hochmut gelangen. Somit besteht die erste Stufe aus Reichtum, die zweite aus Ehre und die dritte aus Hochmut und von diesen dreien aus verleitet er zu allen anderen Lastern« (EE 142). Diese »Teufelsstrategie« kam schon zur Anwendung, als der Herr in der Wüste versucht wurde (Lk 4,3f.) und taucht überall in der christlichen Literatur wieder auf (zum Beispiel bei Thomas von Aquin: »Geldgier ... ist die Wurzel aller Sünden. Denn eben durch das Geld erhält der Mensch die Mittel, um jeder Sünde zu frönen«[13]).

Um dem Herrn aus noch größerer Nähe zu folgen, müssen wir kämpfen. Die beste Waffe ist die Unterscheidung der Geister. Diesen trauen wir nicht sofort über den Weg, sondern fragen erst einmal, ob sie von Gott kommen. Deswegen ist da eine sehr enge Beziehung zwischen der Kenntnis, die wir vom Herrn haben und unserer Nachfolge. Zuerst lernen wir ihn kennen, weil wir eine gewisse Wesensverwandtschaft zwischen ihm und uns spüren, die nichts anderes ist als die Gegenwart des Heiligen Geistes, der unser »unruhiges Herz« bewegt, bis es in Ihm Ruhe findet. Und wenn wir diesen Weg weitergehen, erkennen wir, dass er uns immer mehr sein Herz, sein Geheimnis offenbart. Um Gott also zu kennen und ihm noch inniger zu dienen, müssen wir mehr auf die Bereitschaft des Herzens als auf die Anstrengung des Verstandes bestehen: »Das Auge meiner Absicht soll einfach sein und nur auf das schauen, wofür ich geschaffen bin« (EE 169). Nur das reine Herz schaut Gott (Lk 11,34f.; Mt 5,8).

Wenn wir in der Nachfolge des Herrn nicht kämpfen oder unachtsam sind, riskieren wir die unterschwellige Versuchung des Götzendienstes. Wir machen die Gaben des Herrn – oder sogar den Herrn selbst – zu einem Objekt, das wir auf die eigenen egoistischen Kategorien reduzieren können und schaffen uns damit einen Götzen, auf den wir unsere Hoffnung setzen. Ein vorausschauendes, achtsames und von der Weisheit des Heiligen Geistes beflügeltes Herz wird die Gefahr der Instrumentalisierung Gottes sofort wittern und sich Seinem Wort in Demut öffnen, damit es die Götzen erkennt, die die Nachfolge behindern und die Erkenntnis des Herrn verzerren: Du hast die erste Liebe verloren und bewahrst Gefühle, die eher der Lehre Bileams entsprechen, tolerierst Entscheidungen, die eher zu Isebel passen, jener Frau, die die Diener Gottes verführte, du bist hier oder dort tot, deine Werke sind nicht in der Gegenwart des Herrn vollendet, du bist lau (vgl. Offb 2,4.14.20; 3,1–2.15–16). Wenn uns klar wird, dass diese liebgewonnenen Götzen, diese *terafim*, unser Herz eingenommen haben, sollten wir uns die prophetische Anklage gegen den Götzendienst anhören (Jes 43,10–13). Denken wir daran, dass Jesus über alle Versuchungen gesiegt hat, sogar die, sich der Gaben Gottes zu bemächtigen und sich eigennützig ihrer zu bedienen.

Die Götzen in der Nachfolge des Herrn können wir zerschmettern, indem wir akzeptieren, dass Jesus ein Zeichen ist, dem widersprochen wird. Die großherzig Gläubigen suchen diesen Widerspruch geradezu, weil sie sich dessen so absolut sicher sind: »Es ist festzustellen, dass, wenn wir in uns eine Abneigung oder einen Widerwillen gegen die leibliche Armut wahrnehmen, also für Armut und Reichtum nicht gleichermaßen offen sind, es zur Auslöschung einer solchen ungeordneten Vorliebe sehr nützlich ist – auch wenn es dem Fleische widerstrebt –, in den Dialogen darum zu bitten, dass der Herr uns zu leiblicher

Armut erwählen möge; und dass man sie wünsche, erbitte und erflehe, jedoch nur, wenn sie sich zum Dienst und Lobpreis seiner göttlichen Güte eignet« (EE 157).

Es gibt nichts Verborgenes, das nicht offenbar wird. Offenbar werden die Geheimnisse des Herzens in Jesus, als einem Zeichen des Widerspruchs. Jesus kämpfte – und siegte –, indem er kompromisslos am Willen des Vaters festhielt. Wenn wir erfahren wollen, was wir fühlen und wo es uns wirklich hinzieht, dann sagen wir mit ihm: »Nicht mein, sondern dein Wille geschehe«. Machen wir uns seine Losung zu eigen und folgen wir seinem Banner aus der Nähe, so wird er uns viele verborgene Dinge offenbaren, die in unserem Herzen schlummern. Dies ist der einzig sichere Weg zur guten Unterscheidung, der einzige Weg, der uns nicht in die Irre führt.

Wie alle Versuchungen des Bösen wächst die Lüge immer weiter. Satan lädt ein, Netze und Ketten auszuwerfen (EE 142). Seine Position ist die der Spaltung und Verwirrung (*divise et confuse*): »ein großer Thron aus Feuer und Rauch«. Daraus sprießen die Wurzeln der Lüge: die Selbstgenügsamkeit des eigenen Urteils und die Furcht um das Ansehen bei den Menschen (vgl. Joh 8,53–55; 9,41; 12,43). Von Anfang an bemüht sich der Teufel, den Menschen zu töten (Joh 8,44). Stück für Stück bearbeitet er das Herz, um ihm schließlich den Wunsch nach dem ultimativen Verrat einzupflanzen, wie bei Judas (Joh 13,2). *Die Lüge wächst* bis zum Kreuz, wo sie endgültig besiegt wird. Je stärker wir uns arm und nach Demut und Demütigung verlangend an das Kreuz des Herrn heften, desto besser können wir die Lüge des Teufels besiegen und sie daran hindern, dass sie wieder von Neuem zu wachsen beginnt.

Am Kreuz kommt der gute Geist vollends zum Vorschein, dort wird das Fleisch gewordene Wort offenbar. Diese Offenbarung, diese »Sternstunde« der Verherrlichung des Herrn, wollte der Teufel aufgrund seiner Erbsünde – die Ablehnung der Fleischwerdung und Niedrigkeit des Wortes – sabotieren. Und da ihm dies nicht gelang, will er nun die glorreiche Offenbarung des Wortes verhindern. Die Anhänger des Teufels *bauen auf die Lüge* (1 Joh 2,20.22.27); sie können sich der Erkenntnis Gottes nicht öffnen (1 Joh 4,6). Die Liebe Gottes ist nicht in ihnen (1 Joh 2,15).

Hat sich das Kreuz erst einmal mit der Kraft der Auferstehung offenbart, wird die Lüge immer schwächer, da ihr trügerischer Charakter enttarnt ist. Nun hat sie ihre Anziehungskraft verloren. Da sie nicht mehr fesseln kann, greift sie unverblümt zu »schmutzigen Geschäften«:

»Diese fassten gemeinsam mit den Ältesten den Beschluss, die Soldaten zu bestechen. Sie gaben ihnen viel Geld und sagten: Erzählt den Leuten: Seine Jünger sind bei Nacht gekommen und haben ihn gestohlen, während wir schliefen. Falls der Statthalter davon hört, werden wir ihn beschwichtigen und dafür sorgen, dass ihr nichts zu befürchten habt. Die Soldaten nahmen das Geld und machten alles so, wie man es ihnen gesagt hatte« (Mt 28, 12–14).

Lässt die Wachsamkeit des Knechtes nach, schläft seine Treue ein. Wer anfangs aus Faulheit und Unachtsamkeit gegenüber den Belangen seines Herrn weggedöst ist, stellt sich letzten Endes schlafend, um seine Belohnung nicht zu verpassen. Er kann nicht länger zwischen dem erholsamen und verdienten Schlaf nach anständiger Arbeit und dem angenehmen, verlogenen und korrupten Schlummerzustand unterscheiden. Die Lüge aus dem Herzen des treulosen Knechtes hat es auf zwischenmenschliche Beziehungen abgesehen und gestaltet sie um, sobald der Mensch »sich schlafend stellt«. Dank dieses erkauften Schlummerzustandes kann die soziale Sünde über Generationen hinweg überleben. Überall dort, wo soziale Sünden Fuß gefasst haben, stoßen auf wir schlafende Hirten, die entweder ihr Gewissen verkauft oder die andächtige Betrachtung des Herrn verlernt haben, da ihnen »die Augen zugefallen« sind (Mt 26,43), ihre Herzen aus Angst vor dem Kreuz und »vor Kummer erschöpft« sind (Lk 22,45). Wehe den Hirten, die das Kreuz meiden! Jeder auf seine Weise reißen sie großtuerisch wie Petrus ihr Maul auf: »Herr, ich bin bereit, mit dir sogar ins Gefängnis und in den Tod zu gehen« (Lk 20,33). Oder noch schlimmer: »Auch wenn alle Anstoß nehmen – ich nicht!« (Mk 14,29).

Wer bereit ist, den Herrn mit reinem Herzen zu empfangen (Weish 1,1), kann ihn kennenlernen und ihm nachfolgen. Doch die unaufmerksamen, zerstreuten und oberflächlichen Herzen, die sich auf alles andere konzentrieren außer auf das Wesentliche, töten den Wunsch nach Gott und seinem Geheimnis. Neben den Menschen, die nur Weg und Boden ohne Tiefgang, die nur Stein und Dornen sind und fruchtlos bleiben, gibt es in der Kirche aber auch Menschen mit »großem Verlangen«, die – ein Leben lang – das suchen, »was am ehesten ans Ziel führt«.

Wir befinden uns mitten im Kampf zwischen den zwei Bannern. Das Banner Christi, unseres Herrn, weist den Weg zu Armut, dem Verlangen nach Schmach, Verachtung und Demut. Das Banner des Teufels, dem Feind der Menschlichkeit, lockt verführerisch mit Reichtum, Ehrsucht und Hochmut. Der Böse möchte uns dazu verleiten, dass wir uns nach dem Knoblauch und den Zwiebeln Ägyptens sehnen, verheimlicht aber, dass dies die Nahrung der Sklaverei war. Und Jesus wird uns mit Sanftmut die Seligpreisungen verkünden. Dieser Kampf spielt sich im Inneren des Einzelnen ab, unter den Nationen, er zieht sich durch die ganze Menschheitsgeschichte. Denken wir an die Worte des Mose: »Hiermit lege ich dir heute das Leben und das Glück, den Tod und das Unglück vor« (Dtn 30,15).

Führen wir zum Abschluss dieser Betrachtung einen Dialog mit Maria, unserer Herrin, »dass sie für mich die Gnade ihres Sohnes und Herrn erlange, damit ich unter sein Banner aufgenommen werde, und zwar erstens in höchst geistlicher Armut und – wenn es der Göttlichen Majestät dient und diese mich erwählen und aufnehmen will – genauso in leiblicher Armut; zweitens im Erleiden von Kränkungen und Beleidigungen, um ihm so noch ähnlicher zu werden, aber nur, wenn ich sie ertrage, ohne dass jemand anderes sündigt und ohne das Missfallen seiner göttlichen Majestät zu erregen. Dazu ein ›Gegrüßet seist du Maria‹« (EE 147). Das gleiche wollen wir dann auch vom Sohn und vom Vater erbitten.

Anfechtungen

»WIR WISSEN: Wer von Gott stammt, sündigt nicht, sondern der von Gott Gezeugte bewahrt ihn, und der Böse tastet ihn nicht an« (1 Joh 5,18).

1. Unsere Bindung an Christi Kreuz wird auf die Probe gestellt. Es gibt Augenblicke, da geschieht dies als kaum hörbare Einflüsterung, dann wieder als vorwurfsvolle Herausforderung, aber der Inhalt ist immer derselbe: »Anderen hat er geholfen, sich selbst kann er nicht helfen. Er ist doch der König von Israel! Er soll vom Kreuz herabsteigen, dann werden wir an ihn glauben« (Mt 27,42–43).

Je stärker wir uns an Heilswegen oder Lebensstilen festklammern, die nicht dem Willen des Herrn entsprechen, desto blinder ist unser Sünderherz für diese Versuchung. Und manchmal will der Herr, dass man uns bis zum Gehtnichtmehr verspottet und hängenlässt, wie er ja auch am Kreuz hing: »Bist du denn nicht der Messias? Dann hilf dir selbst und auch uns!« (Lk 23,39). Und nicht immer haben wir jemanden neben uns, der oder die unser Schicksal teilt und uns auf die Wahrheit aufmerksam macht: »Der andere aber wies ihn zurecht und sagte: Nicht einmal du fürchtest Gott? Dich hat doch das gleiche Urteil getroffen.

Uns geschieht recht, wir erhalten den Lohn für unsere Taten; dieser aber hat nichts Unrechtes getan« (Lk 23, 40–41).

Der Teufel ist schlau. Er weiß, wo er uns drankriegen kann. Der heilige Ignatius beschreibt ihn so: »Er macht sich zum Anführer, um zu siegen und das Begehrte zu rauben. Denn so wie ein Befehlshaber oder Feldhauptmann sein Lager aufschlägt und die Lage oder die Streitkräfte einer Burg ausspäht und sie an ihrer schwächsten Stelle angreift, so umzingelt der Feind der Menschennatur all unsere christlichen, kardinalen und moralischen Tugenden und treibt sie in die Enge. Er blickt sich um, und wo er uns in Bezug auf unser ewiges Heil am schwächsten und bedürftigsten antrifft, dort schlägt er uns und trachtet danach, uns einzunehmen« (EE 327). Die Verführungstaktiken des Feindes reichen von denen der feigen Großmäuler, die nach oben buckeln und nach unten treten (»vor Starkem wird er schwach und vor Schwachem stark«, EE 325) bis zu denen der arglistigen Charmeure, die ihre Spielchen nur verdeckt treiben können. Dazu zwei Stellen aus den Geistlichen Übungen des heiligen Ignatius:

»Der Feind wird vor dem Starken schwach und vor dem Schwachen stark. Wie wenn ein Feigling im Streit den Mut verliert und die Flucht ergreift, da eine stärkere Person ihm die Stirn bietet, sobald diese aber den Mut verliert und ihrerseits die Flucht ergreift, umso zorniger, rachedurstiger und gewalttätiger wird, und sich das bis ins Maßlose steigert. Genauso verhält sich der Feind, er wird schwach und mutlos, er ergreift die Flucht, wenn die in geistlichen Dingen sich Übenden seinen Versuchungen die

Stirn bieten, indem sie das genaue Gegenteil tun. Doch wenn die unter der Versuchung Leidenden Angst bekommen und den Mut verlieren, ist keine Bestie dieser Erde wilder als der Feind der Menschennatur, wenn er seine verdorbene Absicht so dermaßen bösartig verfolgt« (EE 325).

»Desgleichen tut er wie ein frivoler Lüstling, der im Geheimen vorgeht und nicht entdeckt werden will. Denn so wie sich solch ein Heuchler heimtückisch an eine Tochter aus gutem Hause oder an eine wohlvermählte Frau heranmacht, verlangt auch er, dass seine verführerischen Manöver geheim bleiben. Wenn nun aber die Tochter vor ihrem Vater oder die Frau vor ihrem Gemahl seine heuchlerischen Worte und verdorbenen Absichten aufdeckt, missfällt ihm das sehr, weil er sich schnell zusammenreimt, dass er mit seinem begonnenen Unterfangen nicht durchkommen wird. Genauso will auch der Feind der menschlichen Natur die gerechte Seele verführen und verlangt, dass seine listigen Manöver geheim bleiben. Desto mehr ärgert es ihn, wenn sie ihren guten Beichtvater oder eine andere geistliche Person von seinen heimtückischen und hinterhältigen Machenschaften in Kenntnis setzt: weil ihm klar wird, dass diese nun aufgedeckt sind und er mit seiner Arglist nicht weit kommen wird« (EE 326).

Doch egal, zu welchem Mittel der Feind greift – immer geht er gerissen und zielstrebig vor. Was ihm gefährlich vorkommt, darüber fällt er her. Deshalb wird die Anfechtung in der christlichen Tradition auch als Gnade bezeichnet. Als eine »schwierige Zeit« ist sie »Teil des göttlichen Planes und ganz wesentlich eine Zeit der Gnade und des Heiles«.[14] Dies spielt sich jedoch nicht nur im Inneren jedes Einzelnen ab, sondern darüber hinaus auch auf der Ebene der Gemeinschaft, denn die »Zeiten der Verwirrung und Prüfung, die unsere brüderliche Gemeinsamkeit manchmal in eine Krise stürzen, können zu Zeiten der Gnade werden, in denen unsere Hingabe an Christus sich festigt und glaubwürdig wird«.[15]

Man muss immer wachsam für alle möglichen Anfechtungen sein, während der geistlichen Einkehr ganz besonders, aber eben auch im Alltag. Wenn wir uns mit diesen alltäglichen Versuchungen im Herrn auseinandersetzen, dann werden sie uns zur Gnade. Wenn wir uns hingegen in einer falschen Sicherheit wiegen, wie hinter einem Schleier, der das wahre Gesicht der Versuchung kaschiert, gewinnen wir keinen Blumentopf. Das wird uns nicht zur Gnade. Folgende Anmerkung des heiligen Ignatius macht das deutlich: »Wenn diejenigen, die die Übungen begleiten bei den Übenden wahrnehmen, dass in deren Seele geistlich nichts in Bewegung kommt, dass sie zum Beispiel keinerlei Tröstung oder Verzweiflung empfinden und auch nicht von mancherlei Geist geschüttelt werden, dann müssen sie ihnen viele Fragen in Bezug auf die Übungen stellen« (EE 6). Dass die Übungen »freiherzig und großzügig gegenüber ihrem Schöpfer und Herrn« zu tun sind (EE 5), erfordert grundsätzlich den Mut, die Wahrheit über das auszusprechen, was uns in der Regel am meisten beschämt: die Sünde, die Versuchung.

Anfechtungen haben immer ein konkretes Gesicht, sie schmeicheln sich mit konkreten Worten ein, und wenn wir ihnen nachgeben, sind auch unsere Gesten konkret. In der Kirche hat die Versuchung ihren eigenen »Stil«: Sie wächst, sie steckt an und sie rechtfertigt sich. Sie wächst im einzelnen Menschen und wird immer lauter. Sie wächst in der Gemeinschaft und steckt die anderen mit ihrer Krankheit an. Sie hat immer eine Ausrede parat, mit der sie ihren Standpunkt rechtfertigt. So fand auch die heilige Teresa von Ávila, dass diejenigen, welche zu ihrer Rechtfertigung die Schuld auf andere schieben, auf dem Holzweg sind. Vom bösen Geist verführt, verwandeln wir uns aber in »Feinde des Kreuzes Christi« (Phil 3,18).

Wir tun gut daran zu denken, dass wir nicht die ersten sind, die in Versuchung geführt wurden. Schon unsere Vorväter kannten sie, diese Prüfung, die das Innere des Menschen offenbart. Denn die Versuchung offenbart grundsätzlich die hinter dem Äußeren verborgene Wahrheit. Wir sind eitel. Wir huldigen dem Anschein. Die Wahrheit wird sichtbar, bewährt sich in der Versuchung wie die Töpferware im Brennofen (Sir 27,5). Dies kommt auch in einer alten, zur Heiligsprechung verwendeten Formel zum Ausdruck: »Wo gibt es einen, der sich in solcher Prüfung bewährt hat? Das wird ihm zur Ehre gereichen. Wer konnte sündigen und sündigte nicht, Böses tun, tat es aber nicht? Darum ist sein Glück von Dauer, die Gemeinde verkündet sein Lob« (Sir 31,10–11).

Unsere Vorväter wurden auf die Probe gestellt. Im Laufe seiner Geschichte bekam das Volk, dem wir angehören, die Versuchung zu schmecken. Abraham wurde im Glauben geprüft: »Nach diesen Ereignissen stellte Gott Abraham auf die Probe« (Gen 22,1). Sein Glaube wird Gehorsam (vgl. Hebr 11,8.17–19). Aus der Erinnerung an diese Geste wird das Volk unseres Glaubensvaters später Kraft zur geistlichen Besinnung schöpfen: »Denkt daran, was er mit Abraham machte ...« (Jud 8,26; Sir 44,19–21).

Die Israeliten wurden vierzig Jahre lang in der Wüste auf die Probe gestellt: »Du sollst an den ganzen Weg denken, den der Herr, dein Gott, dich während dieser vierzig Jahre in der Wüste geführt hat, um dich gefügig zu machen und dich zu prüfen. Er wollte erkennen, wie du dich entscheiden würdest: ob du auf seine Gebote achtest oder nicht« (Dtn 8,2). Die Versuchung der Wüste ist groß, weil sie nicht nur das sündige Innere ihres verstockten Herzens, sondern auch die Treue Gottes, seine Verheißung, enthüllt: »Und dieser Fels war Christus« (1 Kor 10,4; vgl. auch Ex 17,7; Ps 94,9; 77,20; 104,41; 113,8; Dtn 9,22). Der Stab des Mose, der in der Wüste ein Zeichen des Widerspruchs war, wird im Gedächtnis des Volkes erhalten bleiben, im Laufe der Jahrhunderte in eine Lanze verwandelt werden und schließlich in der Hand eines römischen Hauptmanns aus dem Felsen lebendiges Wasser herausschlagen: »Wahrhaftig, das war Gottes Sohn!« (Mt 27,54; Joh 19,31–37).

Das Volk wurde in seiner Liebe und Bundestreue auf die Probe gestellt, um das, was in seinem Herzen war, ans Tageslicht zu befördern. Und ausgerechnet in der Versuchung erkennt es (damals wie auch später über die Propheten) die Gegenwart des Herrn, der ihm treu ist, der es immer liebt und der »denen, die ihn suchen, ihren Lohn geben wird« (Hebr 11,6).

Auch in seiner Hoffnung wird das Volk auf die Probe gestellt. Im Exil, als wohl nur mehr die Alten von der verheißenen Ankunft des Messias träumten, findet das Volk durch die prophetische Kraft der Erinnerung wieder zu seiner Loyalität gegenüber der Verheißung zurück: »Bei alldem aber lasst uns dem Herrn, unserem Gott, danken, dass er uns ebenso prüft wie schon unsere Väter. Denkt daran, was er mit Abraham machte, wie er Isaak prüfte und was Jakob im syrischen Mesopotamien erlebte, als er die Schafe Labans, des Bruders seiner Mutter, hütete. Denn wie er diese Männer im Feuer geläutert hat, um ihr Herz zu prüfen, so hat er auch mit uns kein Strafgericht vor, sondern der Herr züchtigt seine Freunde, um sie zur Einsicht zu führen« (Jud 8,25–27).

Die Anfechtung zeigt sich auch in dem nach Gewissheit, nach handfesten Garantien verlangenden Volk: »Versucht nicht, die Entscheidungen des Herrn, unseres Gottes, zu erzwingen; denn Gott ist nicht wie ein Mensch, dem man drohen kann, und wie ein Menschenkind, das man beeinflussen kann. Darum wollen wir die Rettung von ihm erwarten und ihn um Hilfe anrufen. Er wird unser Flehen erhören, wenn es seinem Willen entspricht« (Jud 8,16–17). Dem gegenüber steht die Heiligkeit des Gerechten: »Gegen alle Hoffnung hat er voll Hoffnung geglaubt« (Röm 4,18), indem er es gewagt hat, ohne Gewähr an die Verheißungen zu glauben: »Voll Glauben sind diese alle gestorben, ohne das Verheißene erlangt zu haben; nur von fern haben sie es geschaut und gegrüßt« (Hebr 11,13). In der Versuchung hielten sie standhaft aus, als sähen sie den Unsichtbaren (Hebr 11,27).

Auch die menschliche Natur wird auf die Probe gestellt. Das darf man jedoch nicht immer mit Bestrafung gleichsetzen. Ijob, der Unschuldige, der Prototyp des Gottesknechtes, wird in Versuchung geführt. So angefochten, gehen ihm die Augen auf: »Vom Hörensagen nur hatte ich von dir vernommen; jetzt aber hat mein Augen dich geschaut. Darum widerrufe ich und atme auf, in Staub und Asche« (Ijob 42,5–6).

Jesus wurde ein Leben lang auf die Probe gestellt. Die Versuchung in der Wüste war nur der Beginn (Mt 4,1–11), denn es heißt: »Nach diesen Versuchungen ließ der Teufel für eine gewisse Zeit von ihm ab« (Lk 4,13). Die Versuchung wird also wiederkommen. Sie steigert sich sogar bis zur Todesangst: »Jetzt ist meine Seele erschüttert. Was soll ich sagen: Vater, rette mich aus dieser Stunde? Aber deshalb bin ich in diese Stunde gekommen« (Joh 12,27; vgl. auch Lk 22,40–46).

Auf die Probe gestellt wurde Jesus auch durch seine Verwandten (Mk 3,33–34), durch Petrus, den er ohne Zögern »Satan« nennt (Mk 8,33), sowie durch die Erwartung eines vergänglichen königlichen Messias (Joh 6,15).

Die Kirche muss Christi Kelch trinken (Mi 10,38–39). Die Ausdauer des Petrus wird wie Weizen durchgesiebt, damit er die Brüder später, wenn er sich bekehrt hat, stärken kann (Lk 23,31–32). Als Christen und Christinnen folgen wir demselben Weg: Wir werden von Gott (1 Thess 2,4) und von der Gemeinde (1 Tim 3,10) geprüft, im Vertrauen darauf, dass wir nicht überfordert werden (1 Kor 10,13).

Wir wissen, dass wir unter mancherlei Prüfung leiden müssen. Dadurch soll sich unser Glaube bewähren, und es wird sich zeigen, dass er wertvoller ist als Gold, das im Feuer geprüft wurde und doch vergänglich ist, und dass ihm bei der Offenbarung Jesu Christi Lob Herrlichkeit und Ehre zuteilwerden (1 Petr 1,6–7). Die Prüfung ist schwer, weil jede Zurechtweisung schmerzt (Hebr 12,11). Haben wir das Gefühl, dass sie unsere Kräfte übersteigt, ist es sehr hilfreich, den Blick zu heben und auf ihn zu richten, der solch einen großen Widerstand erduldete. Dann werden wir nicht ermatten und nicht den Mut verlieren (Hebr 12,3). Und sagen wir ruhig mit einer guten Prise Humor: Wir haben ja noch nicht mal »bis aufs Blut Widerstand geleistet«! (ebd.).

Essenziell hat die Anfechtung stets mit der Achse Treue-Untreue zu tun. Gott, unser Herr, will eine Treue, die sich mit jeder neuen Prüfung erneuert. Doch dann kommt der Teufel ins Spiel, der Verführer. Satan sucht die Untreue in der Liebe und verleitet das Volk zum Ehebruch (vgl. Ex 16). Er sucht auch die Untreue in der Hoffnung, er verleitet zur Halsstarrigkeit und zum Wunsch nach festen Zusagen und Garantien: Götzendienst, Nostalgie und Murren sind eine Absage an Liebe, Hoffnung und das Vertrauen auf Gottes Fügung.

In dem großen Krieg zwischen Tod und Leben, der extremen Prüfung Jesu, war Maria dabei. Dort, am Kreuz, hat er sie uns zur Mutter gegeben: Sie weiß, wie sie uns in der Versuchung beistehen kann.

Drei Arten von Menschen

IN DEN GEISTLICHEN Übungen stellt der heilige Ignatius drei verschiedene Menschentypen vor, jedoch nicht nur zur Veranschaulichung einer spirituellen Haltung in der Nachfolge des Herrn. Auch Paul VI., als genialer Stratege des Himmelreiches, weiß genau, worauf es ankommt: Nur dieses »ist ein absoluter Wert und relativiert alles andere«, da es »von solcher Bedeutung ist, dass im Vergleich zu ihm alles *der Rest* wird« (EN 8). Er weiß, was die Nachfolge des Herrn von uns verlangt: »eine totale innere Umkehr, die das Evangelium mit dem Namen *metanoia* bezeichnet, durch eine *radikale Bekehrung*, durch eine tiefe Umwandlung in der Gesinnung und im Herzen« (EN 10).

Jesu Worte sind machtvoll »und verwandeln deshalb das Herz des Menschen und sein Schicksal« (EN 11). Und mit der Radikalität der Botschaft Jesu vor Augen erahnen wir die herausfordernde Sendung, die uns und der Kirche aufgetragen ist: »das persönliche und kollektive Bewusstsein der Menschen, die Tätigkeit, in der sie sich engagieren, ihr konkretes Leben und jeweiliges Milieu umzuwandeln« (EN 18).

Daraus möchte ich zwei Dinge hervorheben: Erstens, die Botschaft Jesu ist absolut. Und deshalb sollten wir noch einmal gründlich in uns gehen, ob für uns wirklich »im Vergleich zu ihm alles *der Rest* wird«. Zweitens, ist das Ziel dieser radikalen Botschaft, die Person »von innen her umzuwandeln und die Menschheit selbst zu erneuern«, wohl wissend, dass es aber keine neue Menschheit gibt, »wenn es nicht zuerst neue Menschen gibt durch die Erneuerung aus der Taufe und ein Leben nach dem Evangelium« (EN 18).

Es gibt jedoch Dinge, die die Radikalität des Evangeliums vernebeln: Dinge, die wir uns angeeignet haben (EE 150) und die uns teuer sind, Schätze, an denen unser Herz hängt. Bevor wir unsere Entscheidung treffen, stellt uns Ignatius vor die Frage, was das sein könnte: Welchen Schatz habe ich mir angeeignet? Gehen wir in uns und nennen wir diese Sache exakt beim Namen, damit nicht sie Macht über uns hat, sondern der Herr.

Fragen wir uns noch konkreter: Welche »Anhänglichkeiten« behindern unsere Berufung und unseren Dienst in der Kirche? Hier einige Beispiele, an denen Sie sich orientieren können:

1. *»Meine Überlegenheit«:* Diese Anhänglichkeit führt dazu, dass man das Teil mit dem Ganzen verwechselt und das »eigene Süppchen«, die eigene Tätigkeit als den alleingültigen Weg der Kirche betrachtet. Uns muss jedoch klar sein: Wenn wir nicht den ganzen Leib der Kirche akzeptieren und lieben, wenn wir nicht davon überzeugt sind, dass unsere Tätigkeit – was auch immer das sein mag – nicht den ganzen Raum der apostolischen Arbeit einnimmt, sondern nur einen Teil davon, dann können wir unmöglich ein lebendiger Leib, eine wirklich lebendige Institution sein.

Wenn wir den Anspruch haben, dass wir alle gleich sind und uns allen, egal in welchem Feld wir tätig sind, »radikale Optionen« offenstehen, entfernen wir uns erst recht von der wahren Radikalität des Evangeliums, weil wir das Heil in dem suchen, was wir tun oder wie wir es tun.

Häufig hätten wir gerne, dass Jüngere in unsere Fußstapfen treten und unsere Arbeit übernehmen würden, stellen dann aber fest, dass sie zu wenig ruhmreichen Arbeiten entsandt werden: in die Altenpflege oder in die Erziehung von Kindern. Wessen Herz sich selbstgenügsam auf die eigenen Pläne versteift, weiß ja nicht, wie bereichernd es ist, die Herzen der Heranwachsenden zu stärken oder sich liebevoll um die Alten zu kümmern. Dann wieder sind wir bitter enttäuscht, wenn wir uns bei der Arbeit nicht auf die anderen verlassen können, weil sie mit scheinbar nutzlosen Dingen beschäftigt sind. Und doch sind diese scheinbar nutzlosen Dinge ein Sieg, weil sie andere retten.

Aus alldem kann eine Art »apostolischer Stolz« entstehen, der nicht das gleiche ist wie die gesunde Anerkennung, dass Gott durch uns wirkt und uns zum »Trost« für viele Mitmenschen macht. Ganz und gar nicht! Vielmehr bringt uns diese Art von Stolz dazu, dass wir so tun, als »hätten wir die Nase vorn«, als wären wir immer am Puls der Zeit und »voll im Trend«, wie die, die keine Zeit zu verlieren haben, »die wissen, wo es lang geht«. (Dafür dass wir eigentlich weder Handel treiben noch Unternehmen führen, sind wir manchmal ziemlich umtriebig und geschäftstüchtig …) Dies kann dazu führen, dass wir uns verschließen, nicht mehr offen sind und Vieles, was sich in unserer Umgebung oder in der Kirche abspielt, übersehen: die Probleme der anderen, die Gesundheit älterer Menschen, die Erziehung von Kindern.

Wenn »unser Schatz« ein Streben nach Überlegenheit ist, sollten wir uns keine Illusion machen, dass wir dieses Problem mit Diskussionen über Pluralismus lösen. Pluralismus ist nur innerhalb des apostolischen Auftrages zulässig. Nur dort verbindet er Menschen und schafft Einheit. Abseits von Kopf und Leib ist kein Platz dafür: Dieser Pluralismus ist eigentlich nur getarnte Dominanz.

2. »*Meine Freiheit*«: Nach dem Motto: Das Leben könnte so schön sein, wenn die anderen mich bloß in Ruhe lassen würden. Dann aber diene ich der Gemeinde nicht in Demut, sondern mache nur das, worauf ich Lust habe und umgebe mich mit Menschen, die mir dabei nicht in die Quere kommen. Oder: Ich verwechsle meinen Sendungsauftrag mit einer geschäftlichen Angelegenheit, die verhandelbar ist. Oder: der irrige Glaube, dass es die ständige Suche nach Konsens ist, die Frieden schafft und nicht die Gerechtigkeit gegenüber dem Leib, dem ich durch meine Sendung angehöre.

3. »*Mein Gewissen*«: Wenn wir unser Gewissen als etwas Abstraktes betrachten und es wie einen »Schatz« verteidigen, der abgetrennt vom Leib der Kirche und den Gläubigen existiert, verwechseln wir Dogmatismus mit Lehre und Laissez-faire mit postoraler Führung.

Dann wiederum verfallen wir in Einstellungen, die Gottes Volk schaden. Wir kennen sie gut. Die erste Einstellung: »Nur ich weiß, was richtig ist, die anderen nicht, weil sie keine Ahnung haben, dumm sind usw.« Statt Menschen zu lenken, manipulieren wir sie. Die zweite Einstellung: »Die anderen wissen bestimmt, was in dieser Situation zu tun ist – ich nicht.« Damit drücken wir uns jedoch vor der Verantwortung als Leitfigur. Auf der Basis dieser beiden Einstellungen sind weitere insgeheim vorprogrammiert: »Ich bin nicht einer von denen«, »Die Herde lässt sich nicht führen«, »Die Menschen brauchen keine pastorale Begleitung«, »Die Hirten sollten der Herde gehorchen«, »Die Leute haben keine Ahnung« usw.

Wenn ich mich von den Menschen, die meiner Fürsorge anvertraut sind, derart abkapsele, ist der Moment gekommen, an dem ich mich fragen sollte, an welchem »Schatz« mein Herz hängt. Wen oder was will ich damit verteidigen? Eine pastorale Diktatur? Einen netten Job, in dem ich meine Schafe nicht hüte, sondern ihnen »Löckchen drehe«? In Wirklichkeit wollen die Menschen doch, dass die Religion sie Gott näher bringt, dass der Priester ein Hirte ist, also weder ein Tyrann noch ein Dandy, der auf jeden modischen Schickschnack hereinfällt.

Manchmal heißt diese Anhänglichkeit auch *»meine Erfahrung«*. Persönliche Erfahrung ist sicher wertvoll, kann aber missbraucht werden. Wenn ich zum Beispiel schon seit vielen Jahren, quasi autodidaktisch, in der Pastoral tätig bin, kann es passieren, dass ich mehr auf meine eigene Weisheit baue als auf die Weisheit Christi, mich mehr von meinem »Element« inspirieren lasse als vom Heiligen Geist. Ich weiß alles besser, alles läuft glatt, ich schere mich nicht um die anderen, stelle unverrückbare Jahres-, Dreijahres- und Fünfjahrespläne auf und spreche nicht über meine Probleme. Ich bin inkompetent, weil ich Christen nicht darauf vorbereite, selbstständig zu handeln.

4. Hinter all diesen Anhänglichkeiten verbirgt sich ein *Geist, der unglaublich selbstgenügsam ist*: »Mit einer beklagenswerten Oberflächlichkeit beschuldigen sie die Kirche, sie sei von ihrer Kernaufgabe, der Evangelisierung, abgekommen«.[16] Ganz so schlimm ist es vielleicht noch nicht, aber oftmals tappen wir in die Falle der Selbstgenügsamkeit, die die Einheit und Entwicklung der Kirche untergräbt. Am schlimmsten ist, »zu glauben, man habe Christus schon definitiv erreicht«.[17] Das sind die Menschen, »die ihrer selbst sicher sind und andere verachten«[18], »die glauben, sie allein hielten den unfehlbaren Schlüssel zur Lösung aller Probleme in der Hand, die glauben, sie seien die einzigen Armen in der Kirche und hätten das Evangelium begriffen, die einzigen, die das Geheimnis Jesus Christi kennen und andere Menschen zu ihm hinführen können, die einzigen, die sich wirklich für die Befreiung der Menschen einsetzen oder die einzigen, die der Tradition in ihrer Fülle treu geblieben sind. Damit schwingen sie sich zum unfehlbaren Lehrer über ihre Mitmenschen auf«.[19]

Dieser Geist der Selbstgenügsamkeit entwächst dem Bösen, dem Teufel, dem Vater der Lüge, der – auf diesem Weg – die Kirche immer mehr zerstückelt, sie spaltet und Spannungen verursacht. Denn so viel steht fest: »Spannungen entstehen häufig aus einem angeblichen Recht auf exklusive Wahrheit und Heiligkeit. Friede wird nur zwischen großzügigen Herzen sein; und die Großzügigkeit setzt Armut voraus«[20] (das heißt, wenn man frei von jeglicher Anhänglichkeit ist).

5. Und so kommen wir zu einer weiteren Anhänglichkeit: »*meine Macht und Kompetenz*«. Beispiele: Wenn ich in

meinem Amt über etwas bestimmen will, ohne von Jesus Christus dazu befugt zu sein. Wenn ich andere »Herren« ermächtige oder wenn ich glaube, dass die Seelsorgetätigkeit von aller Macht entledigt sein sollte. Dadurch entfernen wir uns von den echten Kompetenzen, mit denen der Herr uns entsendet hat: zu taufen, zu lehren, anderen beim Umsetzen des Gelernten zu helfen, zu segnen, zu heilen, zu vergeben … (Mt 28,19–20; Joh 20,22–23; Mk 16,15–18).

6. »Meine *Verbundenheit*« z. B. mit meiner Umgebung oder Tätigkeit kann mich davon abhalten, dass ich mich ganz und gar dem Dienst am Herrn hingebe. Wenn ich zum Beispiel sage: »Ich gehorche, aber nur in diesem Bereich, nur in dieser Gemeinde oder nur an diesem Ort.« Dies trifft die Institution Kirche an ihrer Wurzel, weil man die eigene statische Komfortzone der stets lästigen, aber fruchtbaren Aufgabe des »Ausgesandtseins« vorzieht.

Wir könnten problemlos immer mehr Beispiele aufführen, einen ganzen Katalog. Gehen Sie einmal in sich (schauen Sie in Ihrem Herzen nach) und suchen Sie nach *Ihrem Schatz, nach der erworbenen Sache, die Ihnen teuer ist.* Und denken Sie dabei an *das andere*, was Jesus Christus für uns erworben hat, jenes »Volk, das sein besonderes Eigentum wurde, damit ihr die großen Taten dessen verkündet, der euch aus der Finsternis in sein wunderbares Licht gerufen hat« (1 Petr 2,9). Erinnern wir uns an bestimmte Menschen, deren Fürsorge uns anvertraut wurde. Vergleichen wir diese beiden Schätze: das, was mein schäbiges Herz erworben hat und das, was der Herr für mich erworben hat. Und dann entscheiden wir.

Denken wir außerdem daran, dass all diese Schätze, an denen unser Herz hängt, die Einheit der Kirche untergraben und sie spalten, um Verwirrung zu stiften. Was uns von dem harmonischen Leib der Braut Christi trennt, sind immer diese schäbigen Dinge, die wir für uns selbst behalten wollen. Die ständige Bemühung um Eintracht und Einheit dagegen vertreibt den Teufel der Spaltung und stärkt unsere Zugehörigkeit zur Kirche. Wie der heilige Ignatius von Antiochien in seinem Schreiben an die Epheser sagt (Kap. 13): »Befleißiget euch daher, dass ihr häufiger zusammenkommt zur Feier der Eucharistie Gottes und zum Lobe. Denn wenn ihr euch oft versammelt, wird die Macht Satans gebrochen, und sein verderblicher Einfluss wird in der Eintracht eures Glaubens aufgehoben. Nichts ist besser als Friede, an dem aller Krieg himmlischer und irdischer Mächte abprallt.«[21]

Bitten wir den Herrn also, dass wir »weder dieses noch jenes wollen, es sei denn, es wäre allein vom Dienst an Gott unserem Herrn motiviert« (EE 155).

Die Freude

»WIR SCHREIBEN DIES, damit unsere Freude vollkommen ist« (1 Joh 1,4).

»Dies habe ich euch gesagt, damit meine Freude in euch ist und damit eure Freude vollkommen ist« (Joh 15,11).

»Doch dies rede ich noch in der Welt, damit sie meine Freude in Fülle habe« (Joh 17,13).

Die Freude kommt dadurch, dass wir von Gott beschenkt (Lk 1,14; Röm 15,13), von Gott heimgesucht werden (Lk 1,41–44). Wir jubeln vor Freude, wenn wir die ganze Heilsgeschichte begreifen (Lk 1,47) oder sie gläubig voraussehen können (Joh 8,56; 1 Petr 4,13). Ausgelöst wird die Freude von der Gegenwart des Heiligen Geistes (Lk 1,47). Diese Freude stärkt uns in kritischen Momenten (Lk 6,22–23; Hebr 10,34; Röm 12,12, 1 Petr 1,6; 2 Kor 6,10) und begleitet uns bei der Verkündigung der frohen Botschaft, wie einst die Jünger (Lk 24,52; Apg 13,52), weil sie ein Zeichen der Gegenwart des Herrn in allen Tagen des Lebens ist (Mt 28,20): eine essenziell apostolische Freude, die von den Älteren auf die Jüngeren überspringt und umgekehrt (Phil 1,25; Phlm 7; 2 Joh 12). Wir aber sind dazu eingeladen, dass unsere Freude vollkommen sei.

Unsere Freude an Gott steckt an: »›Wir haben den Messias gefunden‹ … Er führte ihn zu Jesus … ›Komm doch und sieh!‹ (Joh 1,41–46), »Geh aber zu meinen Brüdern« (Joh 20,17–18).

Diese Freude tröstet. Sie ist Zeichen für Harmonie, für Eintracht, die sich in der Liebe verwirklicht. Sie ist außerdem Zeichen für den einheitlichen Leib der Kirche und des Aufbaus. Wir müssen ihr treu sein, dürfen uns aber nicht »an ihr ergötzen« wie an einem Genussmittel. Die Freude ist dafür da, dass man darüber staunt und darüber redet. Sie öffnet uns die Tür zur Freiheit der Gotteskindschaft. Freier zu werden bedeutet, dass wir uns von Dingen und Situationen, die uns gefangen halten, trennen und sie hinter uns lassen. Das ist Ge-lassen-heit.

Die Freude ist Zeichen für die Gegenwart Christi und wird gottgeweihten Menschen zur Gewohnheit. Wir suchen Trost, aber nicht um des Trostes willen, sondern weil auch er Zeichen für die Gegenwart des Herrn ist. »Ich nenne es Trost, wenn es in der Seele zu einer Regung kommt, durch welche sie in Liebe zu ihrem Schöpfer und Herrn entbrennt und folglich das auf dem Antlitz der Erde Erschaffene nicht mehr um seiner selbst willen lieben kann, sondern nur in dem Schöpfer, der sie alle geschaffen hat. Desgleichen, wenn die Seele aus Schmerz über ihre Sünden, über das Leiden Christi unseres Herrn oder über andere, unmittelbar in seinem Dienst und Lob angeordnete Dinge Tränen vergießt, die sie zur Liebe zum Herrn bewegen. Und letztlich nenne ich Trost jede Steigerung der Hoffnung, des Glaubens und der Nächstenliebe sowie jede innere Freude, die Himmlisches auf sich herabruft und an sich zieht und die Seele gesund macht, indem sie in ihrem Schöpfer und Herrn zur Ruhe kommt und Frieden findet« (EE 316).

Freude ist Eifer. Über den Eifer spricht Paul VI. am Schluss seines apostolischen Schreibens Evangelii Nuntiandi: »Von diesen Hindernissen, die sich auch in unserer Zeit stellen, wollen Wir hier jedoch nur eines hervorheben, nämlich *den Mangel an Eifer*, der um so schwerwiegender ist, weil er aus dem Innern entspringt. Er zeigt sich in der Müdigkeit, in der Enttäuschung, der Bequemlichkeit und vor allem im Mangel an Freude und Hoffnung (…) Wir ermahnen deshalb (…), immer den geistlichen Eifer zu fördern (…) Bewahren wir also das Feuer des Geistes. Hegen Wir die innige und tröstliche Freude der Verkündigung des Evangeliums, selbst wenn wir unter Tränen säen sollten. Es sei für uns (…) ein innerer Antrieb, den niemand und nichts ersticken kann. Es sei die große Freude Unseres als Opfer dargebrachten Lebens. Die Welt von heute, die sowohl in Angst wie in Hoffnung auf der Suche ist, möge die Frohbotschaft nicht aus dem Munde trauriger und mutlos gemachter Verkünder hören, die keine Geduld haben und ängstlich sind, sondern von Dienern des Evangeliums, deren Leben voller Glut erstrahlt, die als erste die Freude Christi in sich aufgenommen haben« (EN 80).

Die Freude lebt davon, dass wir Christus betrachten: wie er umherwanderte, wie er predigte, wie er heilte, wie er blickte. Betrachten wir, wie der Herr seine frohe Botschaft verkündete. Schauen wir uns die Gespräche an, die er führte. Wie spricht Jesus mit denen, die ihm Bedingungen stellen? Und mit denen, die ihn in die Falle locken wollen? Und wie spricht er mit denen, die ein offenes Herz für die Heilserwartung haben?

Sowohl die drei potenziellen Nachfolger aus dem Lukasevangelium (9,57–62) als auch Nikodemus und die Samariterin aus dem Johannesevangelium (3,1–21 und 4,1–41) knüpfen Bedingungen an ihre Begegnung mit Jesus. Damit sind ihre Gespräche *bedingend.* Die ersten drei wollen sich Jesus nur begrenzt hingeben: Da ist der Reichtum, der Vater, da sind Familie und Freunde. Die Samariterin versucht abzulenken, weil sie nicht an das Wesentliche rühren will. Statt ehrlich über ihre Ehemänner zu sprechen, erörtert sie lieber theologische Fragen. Nikodemus wiederum redet nur mit Jesus, wenn es sicher ist: Nachts kommt er zu ihm geschlichen und verlangt nach Erklärungen. Und da Jesus erkennt, dass er noch nicht so weit ist, überlässt er ihn seinen eigenen Grübeleien, die ja nur ein egoistischer Vorwand sind, um Jesus gegenüber nicht loyal zu sein.

Und dann gibt es Gespräche mit *Fallgruben.* Man will Jesus »auf die Probe stellen«, in der Hoffnung, es möge sich eine Lücke in seiner Argumentation auftun, in die man schlüpfen könnte, um Barmherzigkeit als Tauschhandel aufzufassen. So fängt man sich Treue durch Sicherheit, Hoffnung durch Besitz und Liebe durch Egoismus.

Würde Jesus in der Szene mit der Ehebrecherin (Joh 8,1–11) für ihre Steinigung stimmen, wäre er nicht mehr wirklich barmherzig, würde er dagegen stimmen, wäre das eine Gesetzesübertretung. In solchen Gesprächsfallen tut Jesus für gewöhnlich zwei Dinge: Den Fallenstellern gibt er ein Wort aus der Glaubenslehre, den Opfern (etwa der Ehebrecherin) sagt er etwas anderes. Oder er spricht die als Falle dienende Situation an. Im Beispiel der Ehebrecherin kehrt er das Urteil gegen die Fallensteller und gibt ihnen zu verstehen, dass sie die Strafe auf sich selbst anwenden. Die Frau aber holt er ins Leben zurück und fordert sie auf, Verantwortung dafür zu übernehmen.

In diesem Sinne lohnt sich auch eine Betrachtung über die Fangfrage nach der Zahlung von Steuern an den Kaiser. Diese Frage führt zu der Annahme, dass es außer der sadduzäischen Kollaboration mit der römischen Staatsautorität (Mt 22,15–22) und der Rebellion gegen die Autorität (Lk 20,1–8) keine Alternative gibt. Daraufhin ermahnt der Herr, Verantwortung für die abgelehnten, aber von Gott gesandten »Autoritäten« zu übernehmen.

Es gibt noch eine weitere sadduzäische Fangfrage, die der Herr mit Blick auf eschatologische Horizonte beantwortet (Lk 20,27–40). Wenn sich das hartgewordene hinterlistige Herz nicht erweichen lässt, dann ist das Todsünde (1 Joh 5,16), Sünde gegen den Heiligen Geist (Mt 12,32), sodass man die Geister nicht mehr voneinander unterscheiden kann. Dieser Fallstrick ist so gemein, dass der Herr sich gar nicht erst auf die Diskussion einlässt, sondern das Gespräch wieder auf seine vollkommene Herrlichkeit lenkt und die Fragen von dort aus beantwortet (Lk 20, 27–40).

Im Kern jeder Falle stecken immer auch Geltungsdrang, Besitzgier, Lüsternheit und Stolz. Der Herr selbst hat uns gelehrt, wie man auf solche Anfechtungen am besten reagiert: mit der freudebringenden Geschichte unseres treuen Gottesvolkes (Mt 4,1–11).

Und schließlich gibt es noch eine dritte Art, mit Jesus zu reden: *aus einer loyalen Haltung heraus.* Wer zu dieser

Gruppe gehört, nähert sich Jesu göttlicher Erscheinung ohne Vorbehalte, ohne Falsch und mit einem weiten Herz für Gott. Hier liegen alle Karten offen auf dem Tisch. Wer so zu Jesus kommt, erfreut ihn (Lk 10,21). Besinnen wir uns auf das Gespräch mit dem Blindgeborenen (Joh 9,1–41).

Die echte Freude entsteht in der Arbeit, in der Mühsal, am Kreuz. Eine Freude, die nicht »auf die Probe gestellt« wird, kommt über die bloße Begeisterung nicht hinaus, sie ist meist undifferenziert und nicht sehr vielversprechend. Damit wir der Anfechtung widerstehen können, kündet Jesus uns die Freude an: »So seid auch ihr jetzt bekümmert, aber ich werde euch wiedersehen; dann wird euer Herz sich freuen, und niemand nimmt euch eure Freude« (Joh 16,22). Auch der heilige Ignatius mahnt uns, Versuchung und Verzweiflung mit unermüdlicher Arbeit und der Hoffnung auf zukünftigen Trost zu besiegen: »Die Verzweifelten mögen daran arbeiten, geduldig auszuharren und damit den Ärgernissen entgegenzuwirken. Sie sollen bedenken, dass sie bald getröstet werden, wenn sie sich fleißig gegen eine solche Verzweiflung bemühen, wie es in der sechsten Regel heißt« (EE 321).

Die Salbung

»MEINE KINDER, es ist die letzte Stunde. Ihr habt gehört, dass der Antichrist kommt, und jetzt sind viele Antichriste gekommen. Daran erkennen wir, dass es die letzte Stunde ist (…) Ihr habt die Salbung von dem, der heilig ist, und ihr alle wisst es (…) Für euch aber gilt: Die Salbung, die ihr von ihm empfangen habt, bleibt in euch, und ihr braucht euch von niemand belehren zu lassen. Alles, was seine Salbung euch lehrt, ist wahr und keine Lüge. Bleibt in ihm, wie es euch seine Salbung gelehrt hat« (1 Joh 2,18–28).

In jeder Ära, im Leben jedes Menschen, kommt es unausweichlich zu Schwierigkeiten. Der Herr sagt uns, wie wir uns helfen können: »Nehmt euch fest vor, nicht im Voraus für eure Verteidigung zu sorgen; denn ich werde euch die Worte und die Weisheit eingeben, sodass alle eure Gegner nicht dagegen ankommen und nichts dagegen sagen können« (Lk 21,14–15). Was hilft, ist die Salbung.

Im Johannesbrief ist der eschatologische Moment »die letzte Stunde«, die Stunde des Antichrist, der falschen Propheten (Mt 24,11). Die Antichriste befinden sich mitten unter uns: Sie haben die Demut Christi leid. Die letzte

Stunde ist die Wiederkunft Christi. Gewissermaßen ist das aber auch jede Wiederkunft Christi in unserem Leben und die Reaktionen, die sie auslöst. Um an diesen eschatologischen Moment zu glauben, dürfen wir die Salbung nicht vergessen, die wir empfangen haben.

Die Zugehörigkeit zu Christus wird nicht dadurch bestimmt, dass man physisch innerhalb einer Gemeinschaft lebt. Es ist vielmehr: Man gehört zum Heiligen Geist und lässt sich von demselben Geist salben, der schon Jesus gesalbt hat. Der Herr, der weiß, was im Menschen ist (vgl. Joh 2,24–25), er bestimmt über unsere Salbung.

Je mehr man sich auf Christus einlässt, ihn zu sich hereinlässt, desto mehr wird Er zur Ursache für Spaltung und Trennung (Mt 10,21). Dies ist das Zeichen der Endzeit (Lk 21,28). Wer glaubt, wird wie Christus, und »dieser ist dazu bestimmt, dass in Israel viele durch ihn zu Fall kommen und viele aufgerichtet werden, und er wird ein Zeichen sein, dem widersprochen wird« (Lk 2,34). Wer nicht gesalbt ist, die Salbung nicht akzeptiert oder sie durch rein menschliche Wissenschaft ersetzt hat, wird diese Berufung zum Kreuz am Ende sogar verleugnen.

Eine Art dieser Verleugnung besteht darin, dass man sich die Zeichen des Widerspruchs selbst aussucht. Das Kreuz ist dann keine Hinschenkung des eigenen Lebens mehr, nicht länger die liebende Nachfolge des Herrn auf dem Weg, den er als Erster beschritten hat, sondern eine künstliche Pose, reine Simulation, die oberflächliche »Show einer Diva«. Wir haben schon viele Priester und Ordensleute gesehen, die in ihrem Gemeinschaftsleben auf ursprüngliche Kirche Christi machen. Und dann gibt es jene, die in ihrem apostolischen Leben auf Kreuz machen. Dann kommt es nicht wegen des Eifers für die Herrlichkeit des Vaters, die Erfüllung des göttlichen Willens zu Verfolgungen, sondern weil man zu erlesenen und elitären Mitteln greift, die dem eitlen und egoistischen Geist gerade zielführender erscheinen.

Die zweite Art, wie wir unsere Berufung zum Kreuz verleugnen, besteht darin, ihren kämpferischen Charakter abzulehnen. Es ist die Versuchung des »Friedens um jeden Preis«, der übertriebenen Kompromissbereitschaft. Man fürchtet den Widerspruch, biedert sich an und versucht, es allen recht zu machen. Hauptsache Friede! Doch woraus besteht dieser Friede? Dass man jeden Widerspruch vermeidet. Dann wissen wir gar nicht mehr, was echter Friede ist, sondern leben in Feigheit oder, wenn man so will, im wahrsten Sinne des Wortes: auf dem Fried-Hof.

Beide Versuchungen kommen daher, wenn man nicht davon ablassen kann, die Hauptrolle spielen zu wollen, bei der ersten Versuchung am Kreuz, bei der zweiten im Frieden. Man vergisst, dass Kreuz und Friede bereits einen Protagonisten haben, welcher den schmerzvollen Weg der Nachfolge erfüllt und ihm sowohl im Leiden als auch im Trost der Auferstehung Sinn verliehen hat. Diese beiden Menschentypen sind dem Kreuz Christi feindlich gesonnen und übertreiben bzw. »gehen darüber hinaus« (2 Joh 9). Sie fabrizieren sich eine Alternative nach Maß ihres Egoismus, sie sind närrisch: »Genauso beflecken sich auch diese Träumer, sie missachten die Macht des Herrn und lästern die überirdischen Mächte« (Jud 8).

Bei all diesen Spaltungen und Posen, die unvereinbar mit dem Kreuz des Herrn sind, gewinnen wir Sicherheit durch die Salbung – das empfangene und verinnerlichte Wort, das uns alles lehrt und durch das wir alles erfahren (1 Joh 2,27). Durch die Salbung finden wir zur Wahrheit. Wenn wir in Jesus bleiben, werden wir die Wahrheit erkennen (Joh 8,32). Die Lüge ist Satan. Es geht jedoch nicht darum, noch mehr Instruktionen zu produzieren, sondern zu erkennen, dass wir in dieser Salbung, in diesem Glaubenssinn, dem »sensus fidelium«, wahrhaftig zum Leib Christi gehören.

Die Salbung ist die Realität der Endzeit, in der alle Menschen sie empfangen werden (vgl. Jer 31,34). Vergegenwärtigen wir uns in Zeiten echten Widerspruchs die Verheißung des Herrn: Ich werde euch Weisheit eingeben (Lk, 21,25; Lk 12,12). Denn die Salbung ist Weisheit, die Weisheit aber ist ein Geschenk, um das man bitten muss (Weish 8,21; 9,4).

Durch die Salbung sind wir in Christus *gefestigt* (2 Kor 1,21). Sie verankert uns und macht uns gewissermaßen immun gegen Verwirrungen (Heb 6,19; Lk 1,4; Phil 3,1).

Der heilige Ignatius von Antiochien betrachtet das Kreuz Christi, die Lehre und die Nächstenliebe als Salbung, die dafür sorgt, dass die Einheit des Leibes der Kirche unversehrt bleibt: »Wenn nun Leute, die dem Fleische nach solches verübten, dem Tode verfallen sind, um wie viel mehr, wenn einer den Glauben Gottes durch schlechte Lehre schändet, für den Jesus Christus gekreuzigt worden ist? Wer sich dadurch befleckt hat, wird in das unauslöschliche Feuer wandern, ebenso der, welcher ihn hört. Deshalb nahm der Herr *Salbe* auf sein Haupt, damit er der Kirche Unverweslichkeit zuwehe. *Salbet euch* daher nicht mit dem üblen Geruch der Lehre des Fürsten dieser Welt (…) Mein Geist ist nur Auskehricht des Kreuzes, welches ist den Ungläubigen ein Ärgernis, uns aber Erlösung und ewiges Leben.«[22]

Der Herr lehrt uns, dass man das salbt, was der Vervollkommnung und der Heilung bedarf: die Toten (Mk 16,1), die Kranken (Mk 6,13; Jak 5,14), die Verwundeten (Lk 10,34), die Fastenden (Mt 6,17). So ist die Salbung auch eine Art der Wiedergutmachung: Lk 7,38; 7,46; 10,34; Joh 11,2; 12,3. All dies ist für uns von Bedeutung: Durch die Salbung des Heiligen sind wir auferweckt, geheilt, erneuert und wiederhergestellt. Jedes sklavische Joch wird durch die Salbung zerbrochen (vgl. Jes 10,27).

Der erste Gesalbte ist der Herr: Lk 2,26; Apg 4,26; Lk 4,18; Apg 10,38. Er wurde mit dem Öl der Freude gesalbt (Hebr 1,9).

Die Freude beschwört die Herrlichkeit herbei. Gesalbt zu sein, bedeutet Teilhabe an der Herrlichkeit Christi, und diese ist sein Kreuz.

Der heilige Cyrill von Jerusalem schreibt dazu: »Wir wollen uns also nicht des Kreuzes des Erlösers schämen, sondern uns vielmehr desselben rühmen! Die Kreuzeslehre ist zwar den Juden ein Ärgernis und den Heiden Torheit, uns jedoch Erlösung; sie ist denen, die verloren gehen, Torheit, uns aber, die wir erlöst werden, Kraft Gottes«.[23] »Freiwillig ging er also in sein Leiden, er freute sich über dieses gute Werk, frohlockte über die Krone (des Leidens), hatte sein Wohlgefallen an der Erlösung der Menschen, schämte sich nicht des Kreuzes. Denn dadurch erlöste er ja die ganze Menschheit. Der Leidende war nämlich kein niedriger Mensch, sondern der menschgewordene, den Kampf geduldigen Leidens kämpfende Gott«.

»Nicht bloß in der Zeit des Friedens sollst du dich des Kreuzes freuen, du sollst auch in der Zeit der Verfolgung an einem und demselben Glauben festhalten! Sei nicht in der Zeit des Friedens ein Freund Jesu, zur Zeit des Krieges sein Feind! Da du jetzt Nachlass deiner Sünden und die geistigen Gnadengeschenke des Königs empfängst, musst du im Falle des Krieges mutig für deinen König kämpfen. Der sündenlose Jesus ist für dich gekreuzigt worden, und du willst dich nicht für den kreuzigen lassen, der für dich gekreuzigt worden ist? Du erweisest ihm (mit deinem Kreuze) keine Gnade; denn du hast zuerst empfangen. Dank ist es, wenn du leidest, was du dem schuldig bist, der deinetwegen auf dem Golgatha gekreuzigt worden ist«.[24]

»Vater, verherrliche deinen Namen!« (Joh 12,28), verherrliche deinen Sohn! Wer hingegen Friede oder Widerspruch außerhalb der Salbung sucht, sucht die Ehre Gottes nicht im Kreuz Christi: »Wie könnt ihr zum Glaube kommen, wenn ihr eure Ehre voneinander empfangt, nicht aber die Ehre sucht, die von dem einen Gott kommt?« (Joh 5,44).

Auf diese radikale Salbung – der Gipfel aller Weisheit, das Kreuz Christi – hat es Ignatius von Loyola abgesehen, wenn er uns über die drei Weisen der Demut meditieren lässt (EE 165–168). Und in seinen Anweisungen zur Entscheidungsfindung schreibt er: »In der zweiten Woche, wo es darum geht, über die Wahlmöglichkeiten nachzudenken, braucht man nicht über den bereits erwählten Stand nachzudenken. Stattdessen kann man [den Exerzitanden] vorschlagen, sich zwischen zwei Dingen zu entscheiden: Erstens *zu verlangen*, gekränkt und geschmäht und mit Christus in allem erniedrigt zu werden, um seine Tracht anzulegen und ihn auf diese Weise am Kreuz nachzueifern – wenn es Gott dient und wenn man damit weder sich selbst noch anderen schadet. Oder zweitens, *bereit zu sein*, *all das geduldig zu ertragen*, aus Liebe zu Christus unserem Herrn.«[25]

In der Arena unserer Entscheidung ringen also nur zwei Optionen miteinander: Entweder wir verlangen nach Kränkungen oder wir akzeptieren sie aus Liebe zu Christus. Das ist die Ehre, das ist die Weisheit, das ist die Salbung, die uns den Weg weist, dem wir unbeirrbar folgen müssen.

Hören wir dazu die Einladung des heiligen Augustinus: »Kehren wir also zurück zu jener ›Salbung‹, die innen lehrt, was wir nicht aussprechen können; und weil euch jetzt die Schau verwehrt ist, sei euer Dienst im Verlangen! Das ganze Leben des guten Christen ist heilige Sehnsucht«.[26] Durch die Weisheit des Kreuzes gesalbt, weitet sich unser Herz im Verlangen nach den großen Dingen: Wie Christus am Kreuz mit weit offenem Herzen die Arme ausbreitete, so öffnet sich auch unser Herz und wird weit. Das ist die fruchtbare Großherzigkeit, die immer »darüber hinaus geht«, die nur das sucht, was »am ehesten ans Ziel führt«, die Tochter des Kreuzes.

Betrachten wir den Herrn, wie er mit ausgebreiteten Armen am Kreuz hängt, und schauen wir auf seine hochheilige Mutter, wie sie vor ihm steht. Bitten wir um die Gnade, in seiner Nachfolge gesalbt und mit ihm gekreuzigt zu sein, und darum, dass unser Herz von allem befreit wird, was es eng, kleinlich und geizig macht, auf dass wir in der Salbung des Kreuzes nach den großen Dingen, den fruchtbaren Werken der heiligen Mutter Kirche verlangen.

Das Kreuz des Herrn

1. Christus wurde am Kreuz gesalbt. Wenden wir uns nun dem Holzkreuz zu, ohne den Leichnam des Herrn. Besinnen wir uns auf dieses nackte Kreuz, das zum Parameter für die Nachfolge Christi geworden ist. Allen Verleumdungen und Verfolgungen, denen es über die Jahrhunderte ausgesetzt war, sind an ihm zerschmettert und mit ihnen auch unsere falschen Heilserwartungen, unsere unchristlichen Hoffnungen, unser als Großzügigkeit oder apostolischer Eifer getarnter Egoismus. Das Kreuz Jesu führt uns zu dem, der die Wahrheit, der Weg und das Leben ist. Den Ungläubigen ist es nicht mehr als ein Galgen, ein Schandmal zur Bestrafung von Verbrechern. Für uns ist es etwas ganz anderes: Es bedeutet diese totale Selbsthingabe, diese Entäußerung von innen heraus. Außerdem ist es *spes unica*, unsere einzige Hoffnung. Doch mit dem Kreuz ergeht es uns wie bei Allem, was mit dem Herrn zu tun hat – den wahren Sinn erfassen wir nach dem »Geist«, mit dem wir es betrachten. In Glaubensdingen haben wir ja immer irgendeine menschliche »Erklärung« oder »Auslegung« parat, um die Botschaft des Herrn nicht zu akzeptieren. Wir meinen, dass wir alles wissen und wissen des-

halb doch gar nichts. Und manchmal geht es uns wie den Jüngern auf dem Weg nach Emmaus: Weil sie den Herrn bestens zu kennen glauben, erkennen sie ihn erst recht nicht.

Versenken wir unseren Blick ganz und gar in das nackte Holzkreuz, bedingungslos und ohne Vorbehalte. Hören wir auf das Kreuz, das uns infrage stellt und uns sagt, dass in ihm die Weisheit ist und die Hoffnung und der Schlüssel zum Verständnis des Lebens.

2. Das christliche Leben bedeutet Kampf, aber »wir haben nicht gegen Menschen aus Fleisch und Blut zu kämpfen, sondern gegen die Fürsten und Gewalten, gegen die Beherrscher dieser finsteren Welt, gegen die bösen Geister des himmlischen Bereichs« (Eph 6,12). Wenn wir aus diesem Kampf als Sieger hervorgehen wollen, nützen uns von Menschenhand gefertigte Waffen nicht: Wir brauchen »die Rüstung Gottes« (ebd.), um »alles vollbringen und den Kampf bestehen« zu können (ebd.). Die Rüstung Gottes ist das Kreuz. Dort wurde der Böse ein für alle Mal besiegt. Wenn wir uns unter dem Banner des Kreuzes einfinden und uns in ihm erlöst wissen, spüren wir zuinnerst, dass der Krieg nicht unsere, sondern Gottes Sache ist (2 Chr 20,15) und dass kein anderer als Gott für uns kämpft: Dies geschieht, wenn wir uns demütig eingestehen, dass wir der Erlösung bedürfen, und uns an das Kreuz klammern, weil wir gelernt haben, dass sich seiner Schwachheit zu rühmen in sich die Kraft Christi birgt: »Deswegen bejahe ich meine Ohnmacht, alle Misshandlungen und Nöte, Verfolgungen und Ängste, die ich für Christus ertrage; denn *wenn ich schwach bin, dann bin ich stark*« (2 Kor 12,10).

Das Geheimnis des Kreuzes begreifen eben nur »die Schwachen«, »die Kleinen«, die alle anderen philosophischen Interpretationsmodelle von sich weisen und wissen, dass es »den Toten überlassen ist, die Toten zu begraben«. Nur durch das Schwache und Kleine sollen wir das Kreuz verstehen? Das ist in der Tat eine höchst unbequeme und schwierige Erkenntnis! Der heilige Ignatius schlägt vor, dass wir uns ganz entschieden darauf einlassen. Lesen wir seine Einladung Wort für Wort und machen wir uns klar, dass unsere größte Ehre als Nachfolgende Jesu darin gründet, »für verrückt gehalten und erachtet zu werden«:

»Ebenso wichtig ist es, darauf hinzuweisen und vor unserem Schöpfer ausdrücklich zu betonen, wie hilfreich und förderlich es im geistlichen Leben ist, wenn man das, was die Welt liebt und umarmt, nicht nur teilweise, sondern ganz und gar verabscheut und stattdessen mit aller Kraft, die einem zur Verfügung steht, das zulässt und will, was Christus unser Herr geliebt und umarmt hat. Die weltlich gesinnten Menschen haben von der Welt gelernt, emsig und verliebt nach Ehre und Ruhm zu streben, und wollen von denen, die auf Erden schon einen Namen haben, geachtet werden. Nicht so die im Geist auf Christus unseren Herrn zugehen und ihm wirklich und wahrhaftig nachfolgen. Inständig lieben und verlangen sie das Gegenteil: Nämlich aus der dem Herrn geschuldeten Liebe und Verehrung heraus die gleiche Tracht anzulegen, mit der er bekleidet war, sodass sie dort, wo es die göttliche Majestät in gar keiner Weise kränkt noch einem Mitmenschen als Sünde angerechnet würde, Beleidigungen, Verleumdungen und Demütigungen erfahren, für verrückt gehalten und als töricht erachtet werden (ohne aber Anlass für irgendeines dieser Dinge zu geben), weil sie auf eine Art unserem Schöpfer und Herrn Jesus Christus gleichen und ihm in seiner Tracht gekleidet nacheifern wollen. Er trug sie ja zu unserem größten geistlichen Vorteil, uns zum Vorbild, damit wir ihn durch seine göttliche Gnade in allen möglichen Dingen nacheifern und ihm folgen, der der Weg zum Leben ist«.[27] Ignatius lädt uns ein, dass wir gegen den Reichtum um unsere Armut, gegen die Eitelkeit um unsere Erniedrigung und gegen den Hochmut um unsere Demut ringen, was nichts anderes ist als die althergebrachte Einladung, dass ein jeder sein Kreuz auf sich nehme.

3. Weil das Reich Gottes so klein ist, verlangt es Selbstentäußerung. Das wird in verschiedenen Lebensphasen immer wieder auftauchen. Es ist kein Zufall, dass Jesus inmitten des Friedens und der Freude der Auferstehung Petrus daran erinnert, dass er ihm in die völlige Selbsthingabe folgen müsse: »Amen, amen, das sage ich dir: Als du noch jung warst, hast du dich selbst gegürtet und konntest gehen, wohin du wolltest. Wenn du aber alt geworden bist, wirst du deine Hände ausstrecken, und ein anderer wird dich gürten und dich führen, wohin du nicht willst« (Joh 21,18). Und wie Petrus sind auch wir versucht, nach dem Leben der anderen zu schielen und uns in Nebensächlichkeiten zu verlieren, bis uns schwindlig wird: »Herr, was wird denn mit ihm?« (Joh 21,21). Möge Jesus, der Gütige, in seiner Gnade uns immer wieder neu zur Selbstentäußerung berufen und auch zu uns sagen: »Was geht das dich an? Du aber folge mir nach!« (Joh 21,22).

4. Schauen wir auf das nackte Kreuz: Hinrichtungsstätte für die einen, Torheit für die anderen, doch für uns Gottes Kraft. Und lesen wir ganz langsam und aufmerksam die Worte des byzantinischen Abtes Theodor Studites: »Oh unendlich kostbares Geschenk des Kreuzes! Welch ein Anblick, welch eine Zierde! Im Holze des Kreuzes mischen sich nicht Gut und Böse wie im Holze Edens, vielmehr ist es durch und durch köstlich und schön anzusehen. Dieser Baum spendet Leben statt Tod und Licht statt Finsternis. Er vertreibt uns nicht aus Eden, sondern ruft uns hinein. Dieses Holz, das Christus bestieg wie ein König sein Viergespann, es vernichtete den Teufel, der die Macht über den Tod hatte, und befreite die Menschheit aus der Knechtschaft des Tyrannen.

Von diesem Holz beugte sich der Herr zu uns herab, wie ein vortrefflicher Krieger verwundet an Händen, Füßen und an seiner heiligen Seite, und heilte die Striemen unserer Missetaten, unsere vom bösen Drachen verwundete Natur.

An dem einen Baum kamen wir einst zu Tode und erlangen nun an einem anderen das Leben zurück; durch das eine Holz wurden wir einst getäuscht und an einem anderen schütteln wir nun die hinterlistige Schlange ab. Welch ein beispielloser und seltsamer Tausch! Für den Tod bekommen wir das Leben, für die Verweslichkeit die Unverweslichkeit und für die Schande die Herrlichkeit.

Mit Recht verkündete der heilige Apostel: ›Ich aber will mich allein des Kreuzes Jesu Christi, unseres Herrn, rühmen, durch das mir die Welt gekreuzigt ist und ich der Welt.‹ Die gleichsam aus dem Kreuz heraus blühende Weisheit, die über aller Weisheit steht, hat die Prahlerei und den Hochmut der weltlichen Weisheit als Torheit offenbart. Am Kreuz hat das Wissen um alles, was gut ist, Frucht getragen und Bosheit und Verdorbenheit im Keim erstickt.

Schon von Anbeginn der Welt gab es Erscheinungsformen und Vorboten dieses Holzes, die auf höchst wunderbare Dinge hinwiesen. Wenn du es gerne wissen möchtest, schau hin! Entfloh nicht Noah nach dem Ratschluss Gottes mit seiner Frau, seinen Söhnen und deren Frauen und dazu noch mit Lebewesen aller Art dem Verderben der Flut auf einem schlichten Holz? Und der Stab des Mose? War er nicht ein Bild des Kreuzes? Bald verwandelte er Wasser in Blut, bald verschlang er die falschen Schlangen der Zauberer. Dann wiederum teilte ein Schlag mit ihm die Fluten des Meeres und der nächste schickte sie wieder zurück, um so die Feinde zu ertränken und das auserwählte Volk zu retten.

Die Form eines Kreuzes hatte auch der Stab des Aaron, der am selben Tage blühte und damit die rechtmäßigen Priester zu erkennen gab.

Dieses Zeichen setzte auch Abraham, als er seinen Sohn Isaak band und auf den Scheiterhaufen legte. Durch das Kreuz wurde der Tod zerstört und Adam wieder zum Leben erweckt. Alle Apostel rühmen sich des Kreuzes, mit ihm werden alle Märtyrer gekrönt und alle Heiligen geheiligt. Durch das Kreuz legen wir den alten Menschen ab und ziehen Christus wie ein neues Kleid an. Durch das Kreuz werden wir als Schafe Christi in den einen Stall zusammengeführt und für die himmlischen Hürden bestimmt«.[28]

5. Lassen Sie uns nun vom Kreuz aus zum Hause Marias hinübergehen, unserer einsamen und schmerzensreichen Herrin. Und beten wir zusammen mit ihr folgende Hymne an das Kreuz[29]:

O heiliges Kreuz Christi,
Du Lebensbaum und Sieg
Des Königs, der für uns
Den bösen Tod austrieb.

O heiliges Kreuz Christi,
Du Reichtum Gottes sei
Barmherzigkeit und Bund
Und steh uns Armen bei.

O heiliges Kreuz Christi,
Du starker Stamm und Ast,
Wenn alles geht vorüber,
Bleibst du und gibst uns Rast.

O heiliges Kreuz Christi,
Du wäscht uns mit dem Blut
Des Lammes, das an dir
Geopfert, uns zugut.

O heiliges Kreuz Christi,
Mysterium der Liebe,
Führ uns zum Reiche Gottes
Auf dem richt'gen Wege.

O heiliges Kreuz Christi,
Du Heil, das uns vereint,
Du sammelst die Verstreuten
Mit off'nen Armen ein.

O heiliges Kreuz Christi,
Du Mal der Christenheit,
Dich Christe wir anbeten
In ew'ger Herrlichkeit!

Der Friede

»DARAN WERDEN WIR erkennen, dass wir aus der Wahrheit sind, und werden unser Herz in seiner Gegenwart beruhigen. Denn wenn das Herz uns auch verurteilt – Gott ist größer als unser Herz, und er weiß alles« (1 Joh 3,19–20).

Der Gruß des auferstandenen Christus »Friede sei mit euch!« (Joh 20,19.21.26) klingt wie eine siegessichere Losung. Wer an diesem Frieden teilhat hat und ihn willkommen heißt, ist schon im Frieden der Auferstehung angekommen und hat daran teil. Gottgeweihte Menschen sollten sich den Zustand des Friedens zur Gewohnheit machen, weil sie als Vermittelnde ihr Herz im höchsten Gut verankern und »ihren Sinn auf das Himmlische richten«. So betet die Kirche am vierten Sonntag nach Ostern: »damit unsere Herzen dort verankert seien, wo die wahren Freuden sind«.

Wahrhaftiger Friede darf nicht mit illusorischem Frieden verwechselt werden, dem Frieden der Unwissenheit, der bewirkt, dass man um Probleme herumeiert, dass der reiche Mann den armen Lazarus missachtet. Der wahrhaftige Friede gedeiht im Spannungsfeld zweier gegensätzlicher Elemente: die Bejahung einer Gegenwart, in der wir unsere Schwachheit und Sünde bekennen und – gleichzeitig – die Überwindung derselben Gegenwart, *als ob* wir schon von der Fessel der Sünde befreit wären. Auf dieses Spannungsfeld führt uns Ignatius mit seiner expliziten Aufforderung, uns immer wieder in verschiedene Szenen des Evangeliums hineinzuversetzen: »Als ob ich zugegen wäre«, beispielsweise an der Krippe. Oder wir tun, »als ob« unsere Todesstunde da wäre oder der Tag des Jüngsten Gerichts, um zu einer guten Entscheidung zu gelangen (vgl. EE 186–187). Was uns dabei Sicherheit gibt, ist die Gegenwart Jesu in unserem Herzen: Hier wohnt der wahre Friede.

In diesem Frieden reifen sowohl Aufrichtigkeit und Mut (parrhesía) als auch Geduld, Beständigkeit und Beharrlichkeit (hypomoné). In Frieden zu leben, bedeutet nämlich nicht, Ruhe zu bewahren! In Frieden zu leben ist anstrengend, nicht behaglich. Der wahre Friede ist nicht der Friede der Welt (Joh 14,27), sondern der Friede des Herrn (Joh 16,33): Weder knickt er das Zerbrechliche noch löscht er das Fehlerhafte aus. Durch diesen Frieden können wir den Willen Gottes erkennen und getrost unsere Entscheidung fällen.

Unser Gott ist ein Gott des Friedens (Röm 15,33). Durch seinen Sohn wollte uns Gott Frieden schenken (Röm 5,1), damit auch wir ihn weitergeben, sodass er unter uns Einheit schaffe und uns zusammenhalte (Eph 4,3). In der Weihnacht wurde uns dieser Friede angekündet (Lk 2,14), und das Echo dieser Ankündigung schallt bis zum Palmsonntag (Lk 19,38). Diesen Frieden sollen wir suchen und auf ihn unsere Schritte lenken (Lk 1,79), denn wir alle sind zu einem Leben in Frieden berufen (1 Kor 7,15), zu diesem Frieden, der unser Herz und unsere Gedanken bewahrt (Phil 4,7). Streben wir also nach dem Frieden mit allen (Hebr 12,14)!

Wer diesen Frieden nicht kennen will, hat keine Gottesfurcht (Röm 3,17–18) und macht das Herz Jesu traurig (Lk 19,42).

Der Friede ist eine Seligpreisung (Mt 5,9). Wir suchen ihn, weil wir durch ihn und mit ihm für das Himmelreich streiten müssen. Denn er war ja gekommen, um das Schwert zu bringen (Mt 10,34): Er hat uns zur Teilnahme an seinem Krieg aufgerufen. Er überließ dem Teufel ein gewisses Maß an Macht, um der Erde zeitweilig den Frieden zu nehmen (Offb 6,4), doch am Ende wird der Gott des Friedens Satan zertreten (Röm 16,20).

In diesem Krieg gegen das Böse stärkt der Friede unseren Mut. Der Friede lässt nicht zu, dass wir von unseren Gegnern eingeschüchtert werden (Phil 1,28) und bestimmt vor allem auch unseren »Kampfstil«: Wir kämpfen aus dem Frieden heraus, im Frieden und schaffen damit Frieden.

»Wenn aber euer Herz voll ist von bitterer Eifersucht und von Ehrgeiz, dann prahlt nicht, und verfälscht nicht die Wahrheit! Das ist nicht die Weisheit, die von oben kommt, sondern eine irdische, eigennützige, teuflische Weisheit. Wo nämlich Eifersucht und Ehrgeiz herrschen, da gibt es Unordnung und böse Taten jeder Art. Doch die Weisheit von oben ist erstens heilig, sodann friedlich, freundlich, gehorsam, voll Erbarmen und reich an guten Früchten, sie ist unparteiisch, sie heuchelt nicht. Wo Frieden herrscht, wird (von Gott) für die Menschen, die Frieden stiften, die Saat der Gerechtigkeit ausgestreut« (Jak 3,14–18).

In der Betrachtung über das Geheimnis der Auferstehung des Herrn empfehle ich, ihn sich als Friedensmittler vorzustellen. Sein Friede wurzelt im Trost. Betrachten wir in diesem Sinne zusammen mit Ignatius »die Aufgabe Trost zu spenden, die Christus unser Herr ausübt, so wie Freunde einander zu trösten pflegen« (EE 224). Denn nur wer sich vom Herrn trösten lässt, kann andere trösten.

Spüren wir abschließend, wie der Herr, der alles weiß, uns eindringlich und gütig anblickt und zärtlich sagt: »Dein Glaube hat dir geholfen. Geh in Frieden« (Mk 5,34; Lk 7,50; 8,48).

Das Gedächtnis

WENN IGNATIUS darum bittet, dass ich mir »die Wohltaten der Schöpfung, der Erlösung und der besonderen Gaben ins Gedächtnis rufe und mit viel Liebe erwäge, wie viel Gott, unser Herr, für mich getan hat« (EE 234), dann will er nicht damit sagen, dass wir uns einfach für alles Empfangene bedanken sollen. Er möchte mehr. Er möchte, dass wir weiter gehen, mehr Liebe in uns haben. Er will uns auf dem eingeschlagenen Weg bestärken – und zwar mithilfe des Gedächtnisses. Die Erinnerung ist eine Gnade des gegenwärtigen Herrn in unserem gottgeweihten Leben. Das Vergangene begleitet uns, doch nicht als schwere Last, sondern als eine im Licht unseres gegenwärtigen Bewusstseins interpretierte Realität.

Bitten wir um die Gnade, dass wir uns *wieder erinnern*: an unseren persönlichen Weg, an die Art, wie der Herr uns gerufen hat, unsere Familie, unsere Gemeinschaft, unser Land, die Menschen, die uns begegnet sind. Der Blick zurück macht uns wacher, damit wir Gottes Wort intensiver wahrnehmen: »*Erinnert euch an die früheren Tage*, als ihr nach eurer Erleuchtung manchen harten Leidenskampf bestanden habt (...) Werft also eure Zuversicht nicht weg«

(Hebr 10,32.35). »*Denkt an eure Vorsteher*, die euch das Wort Gottes verkündet haben; schaut auf das Ende ihres Lebens, und ahmt ihren Glauben nach!« (Hebr 13,7). Diese Erinnerung bewahrt uns davor, dass wir uns »durch mancherlei fremde Lehre irreführen« lassen, sie stärkt unser Herz (Hebr 13,9).

1. *Das kollektive Gedächtnis.* Nicht nur einzelne Menschen haben ein Gedächtnis, sondern auch Gruppen, ja sogar die ganze Menschheit. So kann man im Gesicht der Mataco die lebendige Erinnerung an das Leiden und die Verfolgung einer ganzen Ethnie ablesen und in der Stimme eines Bauern den heiligen Nicolás, den Schutzpatron seines Dorfes heraushören.

Erzbischof Monseñor Tavella erzählte gerne, dass er in einem Dorf seiner Diözese einmal einen Indio gesehen hatte, der sehr intensiv betete. Nach einer ganzen Weile fragte er ihn, was er denn da betete. »Den Katechismus«, antwortete der Mann. Er meinte den Katechismus des heiligen Toribio de Mogrovejo, dem »Beschützer der Indios« aus dem 16. Jahrhundert. Daran sieht man, dass das Gedächtnis der Völker keine Festplatte ist, sondern ein Herz. Im Herzen bewahren die Völker alles auf – wie Maria.

Jede religiöse Bekundung des gläubigen Volkes, wie zum Beispiel in Prozessionen und Festen, ob nun in den Anden oder in Buenos Aires, ist eine spontane Ausdrucksform des kollektiven Gedächtnisses. Alles ist da: die Europäer und die Ureinwohner, die Missionare und die Eroberer, die Kolonisation durch die Spanier und die Vermischung der Ethnien. Aus dem Landesinneren wallfahren sie nach Luján, die Arbeitsuchenden, die Migranten, und was sie vereint, ist immer dasselbe: *Nuestra Señora de Luján*, unsere liebe Jungfrau, die Schutzpatronin Argentiniens, Symbol der religiösen Einheit unseres Landes.

Erinnerung verbindet und integriert. Während ein sich selbst überlassener Verstand entzweireißt, schweißt die vitale Kraft der Erinnerung Menschen zusammen. Eine Familie, in der die Großeltern – das lebendige Gedächtnis der Familie – nicht respektiert und umsorgt werden, ist zerrüttet. Eine solche Familie ohne Gedächtnis kann man eigentlich nicht mehr Familie nennen. Doch die sich erinnernde Familie oder Gemeinschaft hat Zukunft.

Im kollektiven Gedächtnis der Menschheit finden wir die Erinnerung an den uralten Kampf zwischen Gut und Böse. Der ewige Kampf zwischen dem Erzengel Michael und der Schlange – »die alte Schlange« (Offb 12,7–9), die für immer besiegt worden ist, aber als »Todfeind der menschlichen Natur« (EE 136) wieder auftaucht. »Ach, du bist vom Himmel gefallen, du strahlender Sohn der Morgenröte«, heißt es bei Jesaja (14,12). »Doch in die Unterwelt wirst du hinabgeworfen, in die äußerste Tiefe« (14,15). Dies ist nicht nur eine Offenbarung Gottes an das Volk Israel, sondern eine allen Völkern gemeinsame Erfahrung, die Erinnerung an die Menschheitsgeschichte, den immerwährenden Streit zwischen Gnade und Sünde. Diese gemeinsame Erinnerung hat ein konkretes Gesicht: das Gesicht von Männern und Frauen verschiedener Völker, von anonymen Menschen, deren Namen nicht in Geschichtsbüchern stehen. Ihre Gesichter mögen von Diskriminierung und Leid gezeichnet sein, doch ihre unbeschreibliche Würde erzählt uns von einem Volk, von Menschen mit einer Geschichte und einem kollektiven Gedächtnis.

2. *Das Gedächtnis der Kirche ist das Leiden des Herrn.* So heißt es in einer Fronleichnamsantiphon des heiligen Thomas von Aquin: »Das Gedächtnis seines Leidens wird erneuert« (*recolitur memoria passionis eius*). Der Passion des Herrn gedenken wir in der Eucharistiefeier. Manchmal vergisst die Kirche, dass der Triumph in Wahrheit im Leiden besteht und gibt sich »triumphalistisch«. Doch ohne Kreuz hätte die Auferstehung keinen Sinn. Am Kreuz vollzieht sich Weltgeschichte: Gnade und Sünde, Erbarmen und Reue, Gut und Böse, Zeit und Ewigkeit.

Gott lässt seine Stimme erschallen und spricht durch seinen Propheten zur Kirche: »Fürchte dich nicht, denn ich habe dich ausgelöst und ich werde dich wieder auslösen« (vgl. Jes 43,1–21). »Empfangt Macht und Stärke: Fürchtet euch nicht, und weicht nicht erschreckt zurück (…), denn der Herr, dein Gott, zieht mit dir. Er lässt dich nicht fallen und verlässt dich nicht« (Dtn 31 6–7). Die Erinnerung an die Errettung durch Gott, an den bereits zurückgelegten Weg, gibt Kraft für das, was vor uns liegt. Und indem sich die Kirche an die Errettung durch Gott erinnert, legt sie Zeugnis dafür ab. »Dann sollst du vor ihnen keine Frucht haben. Du sollst an das denken, was der Herr, dein Gott, mit dem Pharao und mit ganz Ägypten gemacht hat: (…) an die Zeichen und Wunder, (…) mit denen der Herr, dein Gott, dich herausgeführt hat. So wird es der Herr, dein Gott mit allen Völkern machen, vor denen du Furcht hast« (Dtn 7–18–20).

Gott stellte sein Volk auf die Probe, als es durch die Wüste wanderte. Dort nahm Gott es an die Hand, wie ein Vater sein Kind. Überall in der Bibel hören wir denselben Rat aus dem Buch Deuteronomium: »Du sollst an den ganzen Weg denken (...) Daraus sollst du die Erkenntnis gewinnen ...« (Dtn 8, 2–5). Ein Mensch, der sich nicht richtig erinnern kann, dessen Gedächtnis versagt, der versteht nichts. »Nimm dich in Acht, achte gut auf dich! Vergiss nicht die Ereignisse, die du mit eigenen Augen gesehen, und die Worte, die du gehört hast. Lass sie dein ganzes Leben lang nicht aus dem Sinn! Präge sie deinen Kindern und Kindeskindern ein!« (Dtn 4,9). Auch Gott hat ein Gedächtnis: »Er vergisst nicht den Bund mit deinen Vätern, den er ihnen beschworen hat« (Dtn 4,31). Dass wir uns daran erinnern ist ihm so wichtig, dass er schon beim geringsten Zeichen der Reue wieder weich wird und sich erbarmt.

Wer sich hingegen nicht erinnert, wendet sich Götzen zu. Wer vergisst, straft sich selbst mit Götzendienst (Dtn 4,25–31) und macht sich zum Sklaven: »Weil du dem Herrn, deinem Gott, nicht gedient hast aus Freude und Dankbarkeit dafür, dass alles in Fülle da war, musst du deinen Feinden dienen« (Dtn 28, 47–48). Nur durch die Erinnerung können wir Gott mitten unter uns entdecken und erkennen, dass jede rettende Lösung außerhalb von Gott ein Götze ist: Dtn 6,14–15; 7,17–26).

Da die Kirche sich an die barmherzigen Taten Gottes erinnert, trachtet sie danach, dem Gesetz treu zu bleiben. Diese andere, gesetzgeberische Seite des Bundes, die der Barmherzigkeit Gottes sozusagen menschliche Rahmenbedingungen verleiht, lernen schon die Kinder im Religionsunterricht kennen, nämlich über die Zehn Gebote. Mit seiner Befreiung aus Ägypten empfing das Volk die Gnade. Diese wird von den Geboten ergänzt – sie sind die andere Seite derselben Medaille. Als Frucht des Gedenkens (Dtn 6,1–12) müssen sie von Generation zu Generation weitergegeben werden: »Wenn dich morgen dein Sohn fragt: Warum achtet ihr auf die Satzungen, die Gesetze und Rechtsvorschriften, auf die der Herr, unser Gott, euch verpflichtet hat?, dann sollst du deinem Sohn antworten: Wir waren Sklaven des Pharao in Ägypten, und der Herr hat uns mit starker Hand aus Ägypten geführt (...), um uns in das Land, das er unseren Vätern mit einem Schwur versprochen hatte, hineinzuführen und es uns zu geben. Der Herr hat uns verpflichtet, alle diese Gesetze zu halten und den Herrn, unseren Gott, zu fürchten, damit es uns das ganze Leben lang gut geht und er uns Leben schenkt, wie wir es heute haben (Dtn 6,20–24).

Die Erinnerung bindet uns an eine Tradition, eine Norm, ein lebendiges Gesetz, das in unser Herz hineingeschrieben ist: »Diese meine Worte sollt ihr auf euer Herz und auf eure Seele schreiben. Ihr sollt sie als Zeichen um das Handgelenk binden« (Dtn 11,18). Genauso trägt auch Gott das »Geschenk«, den »Heilsplan« festgebunden in seinem Herzen, in seinem ganzen Sein. Das aber ist das Fundament, auf dem das individuelle und das kollektive Gedächtnis der Kirche beruht, die Gewissheit: *Der Herr denkt an mich*, er hält mich fest in seiner Liebe.

Aus alledem folgt: *Unser Gebet muss von der Erinnerung gezeichnet sein.* Im Gebet vergegenwärtigt die Kirche sich immer die im Heiligen Geist vom Sohn verwirklichte Erlösung Gottes des Vaters. So werden im Glaubensbekenntnis sowohl die christlichen Wahrheiten als auch die Eckpunkte der Heilsgeschichte zusammengefasst: »geboren von der Jungfrau Maria«, »gelitten unter Pontius Pilatus«, »gekreuzigt«, »auferstanden«. Daher leben wir durch unser Credo in der Glaubensgeschichte Israels weiter, das zur Darbringung seiner Opfer vor dem Herrn folgendes Gebet sprach: »Mein Vater war ein heimatloser Aramäer ... Die Ägypter behandelten uns schlecht ... Wir schrien zum Herrn, dem Gott unsrer Väter, und der Herr hörte unser Schreien, ... er führte uns ... aus Ägypten ... und gab uns dieses Land« (Dtn 26,5–9).

Das Gedächtnis ist eine Gnade, um die wir bitten müssen. Wie leicht vergessen wir! Vor allem, wenn wir satt und zufrieden sind: »Und wenn der Herr, dein Gott, dich in das Land führt, von dem du weißt: er hat deinen Vätern Abraham, Isaak und Jakob geschworen, es dir zu geben – große und schöne Städte, die du nicht gebaut hast, mit Gütern gefüllte Häuser, die du nicht gefüllt hast, in den Felsen gehauene Zisternen, die du nicht gehauen hast, Weinberge und Ölbäume, die du nicht gepflanzt hast –, wenn du dann isst und satt wirst: nimm dich in Acht, dass du nicht den Herrn vergisst, der dich aus Ägypten, dem Sklavenhaus, geführt hat« (Dtn 6,10–12).

»Nimm dich in Acht und vergiss den Herrn, deinen Gott, nicht, missachte nicht seine Gebote (...) Und wenn du gegessen hast und satt geworden bist und prächtige Häuser gebaut hast und sie bewohnst, wenn deine Rinder, Schafe und Ziegen sich vermehren und Silber und Gold sich bei dir häuft und dein gesamter Besitz sich vermehrt, dann nimm dich in acht, dass dein Herz nicht hochmütig wird und du den Herrn, deinen Gott, nicht vergisst, der dich aus Ägypten, dem Sklavenhaus geführt hast« (Dtn 8, 11–14).

Und schließlich macht uns die Erinnerung auch barmherzig, nämlich wenn wir diese großartige Wahrheit verinnerlichen: »Denk daran, dass du selbst Sklave in Ägypten warst (Dtn 15,15).

Bitten wir um die Gnade der Erinnerung, damit wir gut zwischen Leben und Tod unterscheiden können: »Hiermit lege ich dir heute das Leben und das Glück, den Tod und das Unglück vor« (Dtn 30,15–20); vgl. auch Dtn 11,26 und das gesamte Kap. 28). So müssen wir uns Tag für Tag zwischen dem Herrn und den Götzen entscheiden.

Einst schenkte der Herr dem Mose – dem Lenker unseres Gedächtnisses – die Gnade der Erinnerung: »Sein Auge war noch nicht getrübt« (Dtn 34,7). Möge der Herr seiner Kirche doch dieselbe Gnade gewähren! Ich wünsche mir, dass die Götzen, die nie eine Geschichte haben, sondern immer nur flüchtige »Gegenwart« sind, uns nicht das Auge des Gedächtnisses trüben! Halten wir an unserer ersten Liebe fest (Jer 2,1–13), damit wir uns nie anhören werden müssen, was der Herr zum Engel der Gemeinde von Ephesus sagte: »Ich werfe dir aber vor, dass du deine erste Liebe verlassen hast« (Offb 2,4).

Wenn wir die heilige Jungfrau Maria, die Gottesmutter, die »alles, was geschehen war, in ihrem Herzen bewahrte«, demütig darum bitten, wird sie uns die Gnade der Erinnerung lehren. Wie die Mutter im Buch der Makkabäer wird sie in unserer »Muttersprache« mit uns reden, in der Sprache unserer Väter, die wir in den »früheren Tagen« gelernt haben. In dieser Familiensprache flüstert uns Maria das Wort Gottes ins Ohr. Möge es uns nie an ihrer Liebe und Zärtlichkeit fehlen! Denn so werden wir die Kraft haben, um den Schmeicheleien des Bösen zu trotzen und ihm eine lange Nase zu drehen.

Die Braut des Herrn

»Und das ist sein Gebot: Wir sollen an den Namen seines Sohnes Jesus Christus glauben und einander lieben, wie es seinem Gebot entspricht« (1 Joh 3,23).

»Und dieses Gebot haben wir von ihm: Wer Gott liebt, soll auch seinen Bruder lieben« (1 Joh 4,21).

1. Jesus *gründet die* Kirche und *uns gründet er* in seiner Kirche. Das Geheimnis der Kirche ist sehr eng verbunden mit dem Geheimnis Marias, Mutter Gottes und Mutter der Kirche. Maria gebiert und umsorgt uns. Und die Kirche tut es ihr nach. In der Stunde unseres Todes entlässt uns der Priester im Namen der Kirche und legt uns in die Arme Marias. Die Frau, mit der Sonne bekleidet, den Mond zu ihren Füßen, auf dem Haupt einen Sternenkranz (Offb 12,1) – das ist die Kirche, die heilige Jungfrau, die das gläubige Volk so sehr verehrt. Daher müssen wir in Bezug auf die Kirche die gleiche Verehrung spüren wie für die Jungfrau Maria.

Ignatius nennt sie liebevoll die »Heilige Mutter, die hierarchische Kirche« (EE 353). In dieser Formulierung stecken drei eng miteinander verwobene Konzepte: *Heiligkeit, Fruchtbarkeit und Disziplin.*

2. Zur *Heiligkeit* wurden wir in einen heiligen Körper geboren: dem Leib unserer heiligen Mutter Kirche. Unsere apostolische *Fruchtbarkeit* und unsere Berufung, »heilig, untadelig und schuldlos vor ihn zu treten« (1 Kol 1,22) hängen von unserer *disziplinierten Eingliederung* in diesen Leib ab.

Die Kirche ist heilig: Sie bleibt in der Welt, »als ein Zeichen, das gleichzeitig dunkel und leuchtend ist für [Christi] Hingang und sein Verbleiben. Sie führt seine Gegenwart ununterbrochen fort« (EN 15). Ihre Heiligkeit, das »Leben des Gebetes, Hören auf das Wort und die Unterweisung der Apostel, die gelebte brüderliche Liebe, das Austeilen des Brotes« – all das ergibt nur dann wirklich Sinn, »wenn es zum Zeugnis wird, *die Aufmerksamkeit auf sich zieht und zur Umkehr führt*, zur Predigt wird und die Frohbotschaft verkündet« (ebd.). Die heilige Kirche ist nicht naiv, denn sie weiß, dass sie das Volk Gottes ist, »mitten in dieser Welt lebt und oft durch deren Idole versucht wird«. Deswegen »muss die Kirche immer wieder die Verkündigung der Großtaten Gottes hören, die sie zum Herrn bekehrt haben, von neuem von ihm gerufen und geeint werden« (ebd.). Die von Götzen in Versuchung geführte Heiligkeit der Kirche fassten die Kirchenväter in dem Begriff »casta meretrix« (keusche Hure) zusammen. Ihre Heiligkeit spiegelt sich im Gesicht Marias wider. Maria ist rein, makellos und ohne Sünde, doch sie weiß, dass sie in ihrem Schoß auch die sündigen Kinder Evas trägt.

Über die Heiligkeit gibt es eine ganze Fülle theologischer Schriften, aus der die Kirche die Kriterien für ihre –

unfehlbar vom Heiligen Geist inspirierten – Heiligsprechungen ableitet. Manchmal wird mit dem Begriff »heilig« ja sehr akribisch umgegangen. Vielleicht um dem etwas entgegenzusetzen, verwenden wir das Wort in unserem klerikalen Jargon häufig scherzhaft und sprechen schmunzelnd von »diesem heiligen Haus« oder »den heiligen Sitten«. Und wenn wir ein positives Urteil über jemanden fällen und erfreut sagen: »Dieser Mann ist ein Heiliger!«, dann verneigen wir uns damit vor dem Geheimnis Gottes und seiner unendliche Güte, die er diesem Menschen gewährt hat, und widersagen unseren vielen Götzen.

Die Mutter Kirche zu lieben und zu verehren ist dasselbe wie ihre auserwählten Kinder zu lieben und zu verehren. Und wir kennen viele Heilige, tagtäglich haben wir mit ihnen zu tun: im Gemeindeleben, im Beichtstuhl, in der geistlichen Begleitung. Ich frage mich, ob die bittere Kritik an der Kirche, der Verdruss über ihre vielen Sünden, die Verzweiflung, die uns ihretwegen überkommt, manchmal vielleicht daher kommen, dass wir uns zu wenig von der Freude an der Heiligkeit nähren, mit der Gott seinen Leib heimsucht und uns wieder versöhnt.

Diese enge Verbindung zwischen der Heiligkeit und der Fruchtbarkeit existiert auch zwischen unserer Heiligkeit als Gottgeweihte und unserer Fruchtbarkeit in der Bereitung christlicher Herzen. Demnach bringt die Heiligkeit durch unseren Verkündigungseifer Frucht: »Es ist unabdingbar, dass unser Verkündigungseifer aus einer echten Heiligkeit unseres Lebens kommt, die aus dem Gebet und vor allem aus der Eucharistie Kraft und Stärkung erhält, und dass – wie uns das Zweite Vatikanische Konzil ans Herz legt – die

Predigt ihrerseits den Prediger zu größerer Heiligkeit führt« (EN 76). Und an dieser Stelle können wir über die Fragen nachdenken, die Papst Paul VI. uns stellt und für deren Antworten wir alle verantwortlich sind: »Wie steht es mit der Kirche zehn Jahre nach dem Abschluss des Konzils?« »Ist sie im Herzen der Welt verankert und dennoch frei und unabhängig genug, die Welt in Frage zu stellen? Gibt sie Zeugnis von der Solidarität mit den Menschen und zugleich vom Absolutheitsanspruch Gottes? Ist sie eifriger in der Betrachtung und Anbetung, ist sie engagierter in der Mission, Caritas und Befreiung? Setzt sie sich noch entschiedener für die Verwirklichung der vollkommenen Einheit unter den Christen ein, die das gemeinsame Zeugnis immer wirksamer macht, damit die Welt glaube‹« (ebd.).

3. Wenn wir von der heiligen *Mutter* Kirche sprechen, assoziieren wir damit auch *Fruchtbarkeit*. Oft beäugen wir die Hoffnung auf Fruchtbarkeit skeptisch, wie einst Sara, die heimlich lachte, als ihr ein Sohn versprochen wurde. Dann wiederum geraten wir in Euphorie und bekommen solche Lust, diese Fruchtbarkeit zu vermessen und zu verplanen, dass wir dieselbe Sünde wie David begehen, der aus lauter Eitelkeit eine Volkszählung durchführte.

Die Fruchtbarkeit des Evangeliums geht jedoch andere Wege. Sie zeigt sich in der Gewissheit, dass der Herr uns nicht im Stich lässt, sondern sein Wort hält und bis zum Ende der Welt bei uns bleibt. Diese Fruchtbarkeit ist paradox: Man ist fruchtbar und merkt es gleichzeitig nicht. Dabei ist man aber nicht ohne Bewusstsein. Dazu fällt mir der unermüdliche Missionar Padre Matias Crespí ein, der noch im hohen Alter zu sagen pflegte: »Das Leben ist mir wie Sand zwischen den Fingern zerronnen«, als hätte er das Gefühl, überhaupt nichts für den Herrn getan zu haben. Diese Art von Fruchtbarkeit gleicht dem Tau, der unmerklich Feuchtigkeit spendet. Sie stützt sich auf einen Glauben, der nach Bestätigung verlangt, die jedoch nicht definitiv sein muss: die Bestätigung des »Passahs« des Herrn, der uns »im Vorrübergehen« tröstet (vgl. EE 224), der uns im Glauben stärkt und uns in unserer Rolle als Verwaltende den Auftrag erteilt, treu auf ihn zu warten, »bis er wiederkommt«.

Die Kirche ist Mutter; sie bringt ihre Kinder mit der Kraft des Glaubensschatzes zur Welt. Sie »ist Hüterin der Frohbotschaft, die es zu verkündigen gilt. Die Verheißungen des Neuen Bundes in Jesus Christus, die Predigt des Herrn und der Apostel, das Wort des Lebens, die Quellen der Gnade und der Güte Gottes, der Weg des Heiles: *all dies ist der Kirche anvertraut worden*. Das ist der Inhalt des Evangeliums und folglich der Evangelisierung, *den die Kirche als lebendigen und kostbaren Schatz hütet, nicht um ihn verborgen zu halten, sondern um ihn mitzuteilen*« (EN 15), das heißt, um sich fortzupflanzen und Leben zu schenken. Und die Kirche gebiert ihre Kinder in immerwährender Treue zu ihren Angetrauten, denn sie »schickt sie aus zum Predigen. Sie sollen nicht ihre eigene Person oder ihre persönlichen Ideen predigen, sondern ein Evangelium, dessen absoluter Herr und Besitzer weder jene noch sie selbst sind, um darüber nach ihrem eigenen Gutdünken zu verfügen, wohl aber sind sie dessen Diener, um es in vollkommener Treue weiterzugeben« (ebd.). Als die verkörperte Treue zum Bräutigam erzieht sie uns zu treuer Fruchtbarkeit.

Fruchtbar zu sein ist ein legitimer Wunsch, doch das Evangelium hat seine eigenen Gesetze, die unser Tun legitimieren. Als ob es uns sagte: Wenn du eifrig deinen Status als einfacher Arbeiter bewahrst, wenn du im Bewusstsein deiner Nutzlosigkeit fleißig sein kannst, wenn du – im tiefsten Innern – zu deiner Pflicht stehst, den Acker zu bestellen, zu pflügen und zu säen, und wenn du einsiehst, dass nur die Gnade und die Zugehörigkeit zum Herrn für Regen und Ernte sorgen – dann wirst du fruchtbar sein.

Lieben wir das Geheimnis der fruchtbaren Kirche so, wie wir das Geheimnis Marias, der Jungfrau und Gottesmutter, lieben. Und lieben wir im Lichte dieser Liebe das Geheimnis unserer nutzlosen Dienstbarkeit, in der Hoffnung, dass der Herr einst auch über uns ausrufen wird: »Sehr gut, du bist ein tüchtiger und treuer Diener« (Mt 25,23).

4. Unsere Liebe zur Kirche ist die Liebe, die man empfindet, wenn man sich in einen Leib einfügt. Dazu braucht es *Disziplin*. Dies entspricht gewissermaßen dem ignatianischen Gedanken von der »caritas discreta«, der abwägenden Liebe. So bedeutet ein Mangel an Disziplin – besonders für Priester – ein Mangel an Unterscheidungsvermögen, und dies ist immer auch ein Mangel an Liebe.

Mithilfe der abwägenden Liebe werden wir wachsen, im vollen Bewusstsein, »einer großen Gemeinschaft anzugehören, der weder Raum noch Zeit Grenzen setzen« (EN 61). Und durch diese bewusste Zugehörigkeit werden wir begreifen, dass unser Sendungsauftrag, die Evangelisierung, »niemals das individuelle und isolierte Tun eines einzelnen« ist, sondern »vielmehr ein *zutiefst kirchliches Tun*.

Auch der einfachste Prediger, Katechist oder Seelsorger, der im entferntesten Winkel der Erde das Evangelium verkündet, eine kleine Gemeinde um sich sammelt oder ein Sakrament spendet, vollzieht, selbst wenn er ganz allein ist, einen Akt der Kirche. Sein Tun ist durch institutionelle Beziehungen, aber auch durch unsichtbare Bande und die verborgenen Wurzeln der Gnadenordnung eng verbunden mit der Glaubensverkündigung der ganzen Kirche. Dies setzt voraus, dass er nicht auf Grund einer Sendung, die er sich selber zuschreibt, oder auf Grund einer persönlichen Anregung tätig ist, sondern in Verbindung mit der Sendung der Kirche und in ihrem Namen« (EN 60). Darauf fußt unsere Disziplin: auf der Tatsache, »dass kein Verkünder des Evangeliums absoluter Herr seiner Glaubensverkündigung [ist], so dass er darüber selbst nach seinen persönlichen Maßstäben und Ansichten entscheiden könnte. Er muss es vielmehr tun in Gemeinschaft mit der Kirche und ihren Hirten« (ebd.).

Unsere Zustimmung zum Reich Gottes, »die nicht abstrakt und körperlos bleiben kann, offenbart sich konkret durch einen sichtbaren Eintritt in eine Gemeinschaft von Gläubigen (...): es ist die Kirche, das sichtbare Sakrament des Heiles« (EN 23); jenes sichtbare »Zeichen der Begegnung mit Gott, das die Kirche Jesu Christi ist. Diese Gemeinschaft findet dann ihrerseits ihren Ausdruck im Vollzug *der anderen Zeichen* des in der Kirche lebenden und wirkenden Christus, nämlich *der Sakramente*« (EN 28). Unsere Zustimmung zum Reich Gottes führt uns immer enger mit unserem Bräutigam zusammen, in die Seite Christi hinein, der an dem Kreuz hängt, aus dem seine Braut geboren wird: die fruchtbare Mutter eines disziplinierten und von den Sakramenten genährten Leibes.

»Es besteht daher eine enge Verbindung zwischen Christus, der Kirche und der Evangelisierung. Während dieser Zeit der Kirche hat die Kirche die Aufgabe zu evangelisieren. Diese Aufgabe wird nicht ohne sie, noch weniger im Gegensatz zu ihr, durchgeführt« (EN 16). Es ist eine »absurde Dichotomie«, »Christus zu lieben, aber ohne die Kirche; auf Christus zu hören, aber nicht auf die Kirche; mit Christus zu sein, aber außerhalb der Kirche« (ebd.).

Disziplin ist weder schmückendes Beiwerk noch Anstandsgymnastik. Ein undiszipliniertes Herz zeigt sich irgendwann in Form des »hombre turba«, wie Ignatius sagt. Das sind jene Menschen, die ihre Leidenschaften nicht zügeln und daher Zwietracht säen, die zum Gewinn von einigen wenigen Anhängern durch heimtückische Machenschaften spalten und mit ihrer Scheinheiligkeit innerhalb der Gemeinde oder Gemeinschaft einen Ungerechtigkeitsstaat errichten. Wenn ich hier über den Mangel an Disziplin spreche, will ich damit nicht für eine obsessive Beschäftigung mit den eigenen Fehlern plädieren noch fordern, sich von der Gegenwart des Herrn fernzuhalten. Das wäre ja nur eine fruchtlose Selbstbeschau. Die richtige Haltung ist wohl eher die: Stellen wir uns im Gebet vor den Herrn und bitten wir ihn inständig, er möge doch jenes überzeugende Wort sagen, das uns bessert und uns zu Gott führt: »Gib mir dein Herz« (Spr 23,26).

Ich wollte in dieser Betrachtung über die Liebe zur »heiligen Mutter, der hierarchischen Kirche« sprechen und bin darüber auf die persönliche Verantwortung gekommen, die wir übernehmen, wenn wir Kinder der Kirche sind und – gleichzeitig – Kirche »machen«. Unsere Liebe zur Kirche sollte uns dazu bewegen, dass wir sie vor aller Welt bezeugen, und zwar in ihrer Heiligkeit, ihrer warmherzigen Fruchtbarkeit und in ihrer Disziplin – die Kirche, die ganz aus Christus lebt und wie es im »Dei Verbum« des Zweiten Vatikanischen Konzil heißt: *Gottes Wort voll Ehrfurcht hörend und voll Zuversicht verkündend.*

Möge unsere Herrin, die Jungfrau und Gottesmutter Maria, für uns beim Herrn die Gnade einer heiligen, fruchtbaren und disziplinierten Liebe zur Kirche erwirken!

Schlusswort

GEMÄSS DER STUNDENLITURGIE der katholischen Kirche beginnen wir den Tag mit einem Te Deum und enden ihn mit dem Schuldbekenntnis. So wollen auch wir am Ende unserer geistlichen Einkehr noch einmal in uns gehen, unser Gewissen erforschen und dann mit einem Te Deum wieder neu in den Alltag starten. Die Danksagung stimmt uns demütig und bereitet uns für den Empfang der Gnaden des Herrn, unseres Gottes.

Zur Gewissenserforschung und zur Danksagung empfehle ich einige nützliche Richtlinien, die auch in der Ausbildung von Jesuiten zur Anwendung kommen.

1. Wie »Auszubildende«, die sich oft im Spannungsfeld von *Stärke und Schwäche* befinden, können Sie sich fragen: Worin bin ich stark? Worin erlebe ich mich als schwach? Wie gehe ich mit meiner Schwäche um? Und wie mit meiner Stärke?

Häufig halten wir uns irrtümlicherweise für schwach, wo wir stark sein sollten und umgekehrt. Außerdem gibt es gute und schlechte Schwächen, gute und schlechte Stärken. Die gute Stärke der Jesuiten aber ist die *Tapferkeit*. Diese Tugend ist für Ignatius von solch essenzieller Wichtigkeit, dass er sie an zwei Angelpunkten seiner Satzungen erwähnt: in dem Abschnitt über den Oberen, in dem der ganze Leib der Gesellschaft Jesu vereint sein soll, und wo er über den Augenblick schreibt, in dem alle Zweifel ein Ende haben: den Tod.

Besinnen wir uns nicht nur auf unsere Tapferkeit, sondern auch auf unsere Schwachheit, und bitten wir um die Gnade, dass wir unsere Schwäche weder in künstliche Gebilde hineinstecken, die uns langfristig in irdischen Dingen bereichern, noch unsere Stärke abseits der Pläne Gottes einsetzen.

Menschen, die in *Gem-ein-schaft* leben müssen sich darüber Gedanken machen, wie sie zur *Ein-heit* stehen, und zwar nicht in irgendwelchen »Privatangelegenheiten«, sondern in Bezug auf die christliche Berufung. Wer sich hingegen für ersteren Weg entscheidet, wird immer mehr den »gequälten Dämonen« gleichen, die sich zum Richter anderer Menschen aufschwingen und von ihrer zu egoistischen Zwecken zurechtgeschneiderten Werteskala aus gönnerhaft auf sie herabsehen.

Die Schaffung von Einheit, von Gemeinschaft, von einem Miteinander verschiedener Naturelle, ist eine mühevolle Aufgabe. Möglicherweise besteht die größte Versuchung ja darin, das Kämpferische des geistlichen Lebens nicht zu akzeptieren, entweder indem man sich von einer übertriebenen Kompromissbereitschaft falsche Hoffnungen macht oder indem man aus einem falschen Ehrgeiz heraus das Unkraut zu früh abschneidet und damit die Widerstände zuspitzt.

Die übertriebene Kompromissbereitschaft sucht den illusorischen »Frieden um jeden Preis«[30] So verhandelt man das Unverhandelbare und ist nicht mehr imstande zu verurteilen. Dieser Friede um jeden Preis wird bezahlt, er ist wie eine Droge: sehr teuer, aber nicht gerade förderlich.

Die zweite Art, das Kämpferische des Lebens nicht zu akzeptieren, macht daraus eine Karikatur: die Übertreibung der Widerstände. So beschreibt Ignatius in seinem Brief vom 18. Juni 1536 an die Benediktinerin Teresa Rajadell, wie der böse Feind die Widerstände auf die Spitze treibt, um sie daran zu hindern, Gott zu dienen.[31]

Authentische Einheit geht mit dem Bekenntnis zur Lehre einher. Nur wenn die Kirche diese bekräftigt, kommt es auch zu einer authentischen, d. h. offenen Spaltung. Beschäftigt sie sich hingegen mit nebensächlichen, strittigen oder oberflächlichen Fragen, ist es ein Leichtes, damit den Geist der Zwietracht zu tarnen. Inspiration und Unterscheidungskriterium für die Einheit ist letzten Endes immer die Lehre des Leibes, sei es der der Kirche oder der einer Ordensgemeinschaft.

Unsere Spiritualität zeigt uns drei Leitfäden, die uns vor den alltäglichen Versuchungen durch den Geist der Zwietracht bewahren sollen: das »agere contra« (das Einschlagen eines anderen Weges), das Gebet zur Erlangung von Liebe und die Hinführung zur persönlichen Begegnung mit Christus durch die Geistlichen Übungen.[32]

Im Lichte dieser drei Leitfäden existiert im zwischenmenschlichen Verhalten eine echte »Frömmigkeit«. Nur in diesem Zusammenhang können wir von geeigneten Möglichkeiten zur Kommunikation[33] sprechen und von der »apostolischen Dimension« unseres Gemeinschaftsleben, das die Beziehungen zu anderen Menschen prägen sollte«.[34]

3. Wenn wir einem Leib angehören wollen, müssen wir uns bewusst sein, dass unsere zutiefst empfundene Identität von diesem Zugehörigkeitssinn abhängt. Sowohl »Querschläger« als auch »Veteranen« und »Alteingesessene« untergraben und schwächen die Identität.

»Und ebenso braucht er unbedingt Großmut und Tapferkeit des Herzens, um die Schwächen vieler zu ertragen und im Dienst an Gott, unserem Herrn, große Dinge zu beginnen. Falls angebracht sollte er beständig dabei bleiben, ohne bei den Widerständen – selbst wenn sie von großen und mächtigen Personen ausgingen – den Mut zu verlieren noch sich von den Bitten oder Drohungen durch die Vernunft und die Anforderungen des göttlichen Dienstes abbringen zu lassen. Dazu stehe er in allen Fällen *darüber*, ohne sich von den glücklichen emporheben noch von den widrigen entmutigen zu lassen. Außerdem sei er darauf gefasst, falls es zum Wohl der Gesellschaft [Jesu] im Dienst für Jesus Christus, unserem Gott und Herrn, notwendig ist, den Tod zu empfangen.«[35]

»Jedes Mitglied der Gesellschaft [Jesu] soll in seinem ganzen Leben und – erst recht – in seinem Tod sich anstrengen und danach streben, dass Gott, unser Herr, in ihm verherrlicht werde, dass er Gott diene und dass er seinen Nächsten wenigstens ein Vorbild für Geduld und Tapferkeit sei und sie mit lebendigem Glauben und Hoffnung sowie der Liebe für die ewigen Güter erbaue … Gerade angesichts der schweren Anfechtungen des Teufels ist es sehr wichtig, nicht von ihm besiegt zu werden.«[36]

Beide Passagen aus den Satzungen der Gesellschaft Jesu beziehen sich auf den Tod als die letzte Instanz. Auffällig ist auch die kämpferische Haltung, die dort gefordert wird: Tapferkeit im Kampf, Geduld im Alltag und daher auch Beständigkeit.

Schwachheit heißt bei Ignatius oft *»Hindernis«:* »Obwohl die Person das Wirken des Herrn in ihrer Seele oft selbst behindert (…) Noch bevor das Wirken und die Gnade unseres Herrn über uns kommen, stellen wir ihnen Hindernisse in den Weg, aber auch, wenn sie schon da sind (…) Ich für meinen Teil bin überzeugt, dass ich vorher und nachher selbst durch und durch ein Hindernis bin und darüber empfinde ich die größte Befriedigung und geistliche Freude in unserem Herrn, da ich mir nichts zuschreiben kann, das gut zu sein scheint (…) Nur wenige Menschen in diesem Leben (beziehungsweise gar keine) können in jeder Hinsicht ermessen oder beurteilen, wie hinderlich sie sind und wie sie das, was der Herrn in ihrer Seele wirken will, erschweren.[37]

Ein schlechter Umgang mit diesen Hindernissen, mit unserer Schwachheit, macht uns zu Verbündeten mit dem Teufel, der sich darum bemüht, »Hindernisse zu platzieren« (EE 315). Der Umgang mit Schwächen wird erschwert, wenn man aus ihnen Reichtümer macht (sei es, um dem Leben die Freude zu nehmen oder Gefühle wie Traurigkeit oder Enttäuschung zu nähren). Diesbezüglich ist Ignatius radikal: Damit die Hindernisse sich nicht in (negative) »Reichtümer« verwandeln, zerschmettert er sie an der »Mauer« der heiligen Armut: »Vor wie vielen Sünden bewahrt die heilige Armut, weil sie ihnen keine Gelegenheit bietet, weil sie nichts hat, um ihre Liebe zu nähren. Sie zermalmt den Wurm der Reichen, das heißt: den Hochmut, und tötet den höllischen Blutsauger der Wollust und der Völlerei und viele weitere Sünden. Denen, die aus Schwachheit fallen, hilft sie schnell auf, weil sie nicht ist wie jene Liebe, die das Herz wie mit Pech an die irdischen Dinge klebt«.[38]

Heute fordert man von uns »eine erneuerte und verstärkte Solidarität, die aus unserer Zugehörigkeit zur Gesellschaft Jesu erwächst«.[39] Diese muss stärker sein als alle anderen Bindungen«.[40] Sie wird die Inspirationsquelle sein für die Konfrontation mit dem, »was man als Krise der Institutionen und der Vermittlung bezeichnet«.[41]

Die Zugehörigkeit zum Leib der Gesellschaft Jesu schärft unser Profil als Töchter und Söhne, Schwestern und Brüder, Mütter und Väter. Wir lernen, die Interessen dieses Leibes zu lieben, sie zu wahren und über die unsrigen zu stellen. Diesbezüglich möchte ich Folgendes anmerken: Die Dinge, die von Gott kommen, sind immer konstruktiv, nie destruktiv. Sie sind ein Appell. Auch wenn sie klare Grenzen ziehen, sind sie so voller Liebe, dass sie sogar das Abseitige, das weit Entfernte zu sich rufen und in den Leib integrieren. Lernen wir, immer dazuzugewinnen: als echte Kinder, Geschwister und Eltern, im Wissen, dass sich die Dinge Gottes auf ihre eigene Weise weiterentwickeln und zwar über Meilensteine, die dem Weg Gestalt verleihen und dazu anregen, ihm zu folgen. So versteht man den »Entwicklungsprozess« eines Leibes, der sich klar von dem Fortschritt durch »zugkräftige Planungen« oder der kalten Einberufung durch eine tote, scheinheilige und selbstgerechte Streitkraft unterscheidet.

Die Zugehörigkeit zu diesem Leib zeigt sich an jedem Tag, in jedem Moment. Ihre Stärke lässt sich daran ermessen, wie wir auf diverse Begebenheiten und Situationen reagieren. Es ist ja ein lebendiger Leib, ein gesendeter Leib, ein Leib, der durch seinen Auftrag, für das »Seelenheil« der anderen zu sorgen, zusammengehalten wird. Das Wachsen dieses Leibes hat nichts mit dem »Wandelbaren« des Teufels zu tun[42], vielmehr geschieht es nach dem Vorbild einer reifen Institution: dass er »mit den Jahren gefestigt, mit der Zeit erweitert und mit dem Alter verfeinert werde«[43]. Eine gefestigte Zugehörigkeit sollte ein Sendungsbewusstsein haben, die Notwendigkeit zur Weiterentwicklung verspüren und mit dem Alter an Weisheit zunehmen.

4. Gottgeweihten Menschen schlage ich vor, prüfend über ihr Gebet, ihre einfache Lebensweise und ihren apostolischen Eifer nachzudenken: das Gebet, das die apostolische Tätigkeit »regiert«; die »Freude und Ausgeglichenheit einer einfachen Lebensweise«[44] und der »innere Eifer des Apostolats, mit dem Sie das Kreuz Christi erkennen« und es »in Liebe anzunehmen« lernen.[45]

Nachdem wir darüber nachgedacht und unser Gewissen erforscht haben, wollen wir den Rat des Ignatius beherzigen und die entsprechenden »Mittel zur Verbesserung ergreifen«. Und nun lassen Sie uns in den Alltag zurückkehren, indem wir das Te Deum beten.

Anmerkungen

1 Alle Schriftzitate stammen aus der Einheitsübersetzung, 1980.

2 »Im Gewand des Lichtengels« bezieht sich darauf, dass der gefallene Engel Luzifer – der Teufel – uns mit scheinbar guten und erleuchtenden Gedanken täuschen will, Anm. d. Ü.

3 Constituciones X, 1 u. 2, Obras completas des San Ignacio de Loyola, Biblioteca de Autores Cristianos, Madrid. Sofern für Zitate keine deutsche Quelle angegeben wird, stammt die Übersetzung von mir, d. Ü.

4 der »innerlicher als mein Innerstes« ist, Augustinus, Bekenntnisse, III, 6, 11, Anm. d. Ü.

5 Papst Paul VI., Über die Evangelisierung in der Welt von heute. Apostolisches Schreiben Evangelii nuntiandi (deutsche Übersetzung auf www.vatican.va), Anm. d. Ü.

6 Non disse Cristo al suo primo convento: / ›Andate, e predicate al mondo ciance‹; / ma diede lor verace fondamento; // e quel tanto sonò ne le sue guance, / sì ch'a pugnar per accender la fede /de l'Evangelio fero scudo e lance.
Göttliche Komödie, Paradies, 29. Gesang, Verse 109–114; hier zitiert nach der Übersetzung von Ida und Walther von Wartburg, Zürich: Manesse Verlag 1963; S. 1155.

7 sì che le pecorelle, che non sanno, / tornan del pasco pasciute di vento.
Ebd. Verse 106f.

8 Diese beiden Glaubensmodelle hatten Ignatius und seine ersten Gefährten klar vor Augen. Sie lehren, dass der Weg des bösen Geistes spaltet, weil er den Fortschritt des Individualismus begünstigt, die institutionelle Glaubensvermittlung abschafft und sogar

die Religiosität durch Bürokratismus erstickt. Die Gegenmaßnahmen der Gesellschaft Jesu waren einfach, aber überzeugend: 1. Die Konsolidierung der kirchlichen Institution (durch das vierte Gelübde, dem Gehorsam gegenüber dem Papst). 2. Die Konsolidierung der Priesterausbildung (die Priesterseminare, die Kollegien: das Collegium Romanum und das Collegium Germanicum). 3. Der Beginn einer von echter Inkulturation geprägten Evangelisierung in Asien und Südamerika, die dem Partikularismus der absolutistischen Politik oder den abstrakten Vorstellungen des Protestantismus ein authentisches Universalitätsbewusstsein gegenüberstellt: dieses, aus der konkreten universalen Realität der Völker sprossende *versum in unum*. Auf das Modell des bösen Geistes reagiert sowohl die Gesellschaft Jesu als auch die Kirche von Grund auf *kämpferisch*: Unser Glaube ist Kampf.

9 Eduardo Pironio: Meditación para tiempos difíciles. Buenos Aires: Editora Patria Grande, 1976.

10 Non coerceri a maximo, contineri tamen a minimo, divinum est.

11 »Necas parvulos corpore, quia te necat timor in corde«. Quodvultdeus, 2. Predigt über das Glaubensbekenntnis: Patrologia Latina 40, 655.

12 Die Apostolischen Väter; Bibliothek der Kirchenväter, 1. Reihe, Band 35; München 1918.

13 Summa theologiae, I-II, 84,1: »Cupiditas (...) dicitur radix omnium peccatorum. Videtur enim quod per divitias homo acquirit facultatem perpetrandi quodcumque peccatum«.

14 Pironio, ebd.

15 32. Generalkongregation der Jesuiten, Dekret 11, Nr. 25d.

16 Pironio, ebd., 2.

17 Ebd., 4.

18 Ebd., 8.

19 Ebd., 8–9.

20 Ebd., 9.

21 Die Apostolischen Väter, Bibliothek der Kirchenväter, 1. Reihe, Band 35, München 1918.

22 Kap. 16–18; Quelle: Die Apostolischen Väter, Bibliothek der Kirchenväter, 1. Reihe, Band 35, München 1918.

23 Katechese 13,3 und 6 aus: Des heiligen Cyrillus Bischofs von Jeru-

salem Katechesen, Bibliothek der Kirchenväter, 1. Reihe, Band 41, München 1922
24 Ebd., Katechese 13,23.
25 Directorio acerca de las elecciones, 23.
26 Predigt des hl. Augustinus über den 1. Johannesbrief, Kap. 4, in: Gott ist die Liebe, Freiburg i. Br.: Herder 1954; S. 56.
27 Constituciones 101.
28 Oratio II »In Adorationem Crucis«, Patrologia graeca, Hrsg. J.-P. Migne 1890, Band 99, 691–699.
29 F. Boasso, Primer viernes de Cuaresma, 1977.
30 32. Generalkongregation der Jesuiten, Dekret 11, Nr. 17.
31 Vgl. Biblioteca de Autores Cristianos, 3. Aufl., S. 658ff.
32 Vgl. 32. Generalkongregation der Jesuiten, Dekrete 4 und 11.
33 Ebd., Dekret 11, Nr. 18.
34 Ebd., Dekret 11, Nr. 15.
35 Constituciones 728.
36 Ebd., 595.
37 Brief an Francisco de Borja, 1545; Obras completas de San Ignacio de Loyola, Biblioteca de Autores Cristianos, Madrid, S. 702.
38 Brief an die Jesuiten von Padua vom 7. August 1547; BAC, S. 739ff.
39 32. Generalkongregation der Jesuiten, Dekret 4, Nr. 62.
40 Ebd., Nr. 66.
41 Ebd., Nr. 26b.
42 Deliberación sobre la pobreza, 15; BAC, S. 320.
43 Vgl. Vinzenz von Lérins, Conmonitorium, Kap. 23, Bibliothek der Kirchenväter, 1. Reihe, Band 20; Kempten u. München: J. Kösel, 1914.
44 Paul VI, Evangelica Testificatio, 30.
45 Ebd., auch EN 80.